ちくま学芸文庫

つくられた卑弥呼

〈女〉の創出と国家

義江明子

筑摩書房

つくられた卑弥呼――〈女〉の創出と国家【目次】

はじめに――卑弥呼の実像をもとめて　009

第一章　『風土記』の〝女〟を読む　013

1　「土蜘蛛」の戦い　014
「土蜘蛛」の登場する『風土記』／男の「土蜘蛛」、女の「土蜘蛛」／進んで帰服した速津媛／滅ぼされた土蜘蛛八十女たち／御贄献上を誓った大耳・垂耳／一族を率いて戦った八人の土蜘蛛／神と化した「土蜘蛛」

2　女神と男神の物語　030
「土蜘蛛」の登場しない『風土記』／水争いに勝った大力の女神／国占めをする女神・男神／求婚を拒絶した女神／ヒメとヒコ

3　古墳に眠る女性首長　042
古墳に葬られたのは男か女か／軍事・生産とも関わった向野田古墳の女性首長／河川流域を支配した大谷古墳の女性小首長／女性首長と武器・武装

4　隼人の男女　051

隼人の制圧と『風土記』／隼人の女性首長は巫女か／海幸山幸神話と隼人男女の奉仕

第二章　『魏志』倭人伝の〝女〟を読む　063

1　会同する男女　065
会同とは何か／奈良時代の村の集会と男女／二つの礼法にみる身分差／邪馬台国の「男女」とヒミコ

2　一夫多妻の真実　078
嫉妬しない妻たち／古代の妻問婚とは／戸籍からは〝見えない〟婚姻関係／誰が書いたのか

3　見えない王と戦う王　088
ヒミコとワカタケル／〝見えない王〟ワカタケル／ヒミコは誰にとって見えなかったのか／ワカタケルを「左治」した豪族

4　卑弥呼の〝夫〟　101
「男子一人」の給仕／巫女の神秘化と飲食給仕／新羅女王の「匹」

第三章　飯豊王の物語を読む　109
1　「与夫初交」（マグワイ）した女王　110
イイトヨ伝承を読み直す／「日継を問う」をめぐって／「女の道」を知りぬ
2　飯豊の青　120
飯豊青尊と自称す／イイトヨとは何か
3　ヤマトの王と土蜘蛛　127
土蜘蛛の名前／イイトヨの「青」／男の名前？　女の名前？
4　「タケル」は〝男〟か？　133
クマソタケルの娘たち／親族呼称としての「弟」／八十梟帥・八十女・百八十村君
第四章　ジェンダー記号としての「ヒメ」を読む　143
1　「ヒメ」のはじまり　144
「ミコ」と「ヒメミコ」／木簡に記された王名／「比売朝臣」・「ヒメトネ」／戸籍の「メ」と男女区分／『風土記』の「ヒメ」
2　画期としての額田部王　152
日の御子たち／推古＝「アメタリシヒコ」をめぐって／イイトヨ王と額田部王の断

層／讃え名「トヨミケカシキヤヒメ」をめぐって／ヒミコは「姫子」か？
3 倭迹迹日百襲姫の真実 170
ヤマト・ト・ト・ヒ・モモソ・ヒメの名が語るもの／「巫女」の死と皇祖神アマテラス
終章 卑弥呼像の創出 183
神功皇后＝ヒミコ説の描く女性統治者とは／近代におけるヒミコ像の転換と女帝論／近代思想としての古代史研究
使用史料一覧 198
引用参考文献一覧 200
あとがき 205
文庫版あとがき 207

つくられた卑弥呼――〈女〉の創出と国家

はじめに――卑弥呼の実像をもとめて

其の国、本亦《もとまた》、男子を以て王と為《な》す。住《とど》まること七、八十年、倭国乱れ、相《あい》攻伐すること歴年、乃《すなわ》ち一女子を共立して王と為す。名は卑弥呼と曰《い》う。鬼道《きどう》を事《こと》とし、能《よ》く衆を惑《まど》わす。年《とし》、已《すで》に長大なるも、夫壻《ふせい》無し。男弟有りて国を佐《たす》け治む。王と為《な》りて自《よ》り以来、見《み》ること有る者少なし。婢《ひ》千人を以て自ら侍《はべ》らしむ。唯《ただ》、男子一人有りて、飲食を給《きゅう》し、辞を伝えて居処に出入す。宮室、楼観、城柵、厳《おごそ》かに設け、常に人有りて兵を持ちて守衛す。

卑弥呼の姿を伝える、有名な『魏志』倭人伝の一節である。現在の高校の日本史教科書には、必ずといっていいほど、この一節が囲み記事として載っている。日本人で卑弥呼の名前をきいたことのない人は、おそらくいないだろう。

国が乱れてまとまらなかった時に、一人の女性を皆で立てて王とした。その王は不思議な力をもっていて、人々をまとめることができた。弟がいて国を治めることを助けた。女王をみることができたものは少なく、一人の男子だけが食事を運び、言葉を伝えた。常に兵が厳重に警護していた、というようなことが書かれている。

私たちはこれまで、ここからどのような卑弥呼像を思い描いてきただろうか。

すぐれた巫女で、人に姿を見せることもまれな、神秘的な存在。政治闘争・権力闘争の枠外にいて担ぎあげられ、世俗とは別の力で人々をまとめた女性。男弟が彼女を補佐して実際の政治を行っていた。……

若い人たちと話をしてみても、ほぼ例外なく、こうしたイメージで卑弥呼をとらえていることがわかる。簡単にいってしまうと、女が聖なる部分を担って、男は世俗の部分を担う、というとらえ方である。古代史研究者の間でも、こうした聖俗の二元論、聖なることを担う者と俗なることを担うものとの二本柱で古代の王権はなりたっていたと考え、それを女と男に振り分ける考え方は、根強くある。

しかし私は、こうした一般的イメージにどうも納得できない。強い違和感をおぼえる。古代女性史研究がこれまでに明らかにしてきた女性たちの姿と、一般にいわれている卑弥呼像とは、あまりにもズレがあるからだ。古代の女性支配者を、巫女・神秘・政争外というイメージでとらえることは、歴史の真実からは大きく遠ざかるもの、と私には思えてならない。

このズレは、卑弥呼だけを特殊な存在とみるところからきていると思う。卑弥呼をとらえ直すためには、『魏志』倭人伝のなかの卑弥呼だけをみるのではなく、横から、縦から、複眼的にみていく必要がある。横からというのは、倭人伝の中の卑弥呼以外の女性たちの状況、邪馬台国の男女と政治のありかた全般に視野を広げてみていく、ということである。縦からというのは、『魏志』倭人伝の記述だけを問題とするのではなく、文字史料が豊富になる七、八世紀ごろの史料から見えてくることを確かめ、そこからさかのぼって三世紀ごろの状況をとらえ直すということである。〝卑弥呼だけを特殊視しない〟、これが私の基本姿勢である。

そうすることによって、これまでとは全く異なる『魏志』倭人伝の〝読み〟が可能となり、「卑弥呼」を、古代に日本列島の各地にいた女性首長・女性統治者たちを象徴する記号としてとらえる視野がひらけてくる。さらに、これまで私たちを呪縛してきた〝読み〟が、どこから生まれたのかもみえてくるだろう。

まずは、卑弥呼以外にも大勢いた女性首長、いわば〝卑弥呼たち〟の姿を、さまざまな伝承の中に探るところから始めよう。

第一章
『風土記』の〝女〟を読む

丹後半島の付け根、京都府大谷古墳には、熟年女性が単独で葬られていた。その棺内から、鉄剣などとともに見つかった美しい玉飾りと鉄斧。日本海ルートで最新の鉄製品を入手し、生産活動にも統率力を発揮した女性首長だったのだろう（本章３節参照）。
〔写真提供：京丹後市教育委員会〕

1 「土蜘蛛」の戦い

†「土蜘蛛」の登場する『風土記』

奈良時代のはじめ、和銅六（七一三）年に、朝廷は諸国の国司に、それぞれの土地の産物、肥沃度、山川原野の名前の由来、古老の伝える昔の出来事などを書き上げて報告するように命じた。こうして出来上がったものが『風土記《ふどき》』である。そこには、ヤマト王権が列島各地に勢力を及ぼしていく中で滅ぼされた土着勢力の姿が、さまざまな姿で描かれている。代表的なものは「土蜘蛛《つちぐも》」である。

「土蜘蛛」というのは、朝廷の側からみた蔑視表現で、実際には、人々を率いてヤマトの勢力と戦った、それぞれの土地の首長たちにほかならない。ここからもわかるように、『風土記』の語る「土蜘蛛」伝承は、国家体制を確立した八世紀初めに、勝利者の視点で織り上げた「征討」の物語である。しかしそこには同時に、その土地固有の伝承も重ねあわされていて、私たちは、全体としての「征討」物語の枠組み・語られ方に注意しながら、そうした土着勢力＝首長の物語を読み取っていくことができる。

現在、『風土記』がまとまった形で残っているのは、常陸《ひたち》・播磨《はりま》・出雲《いずも》・豊後《ぶんご》・肥前《ひぜん》の五カ国のものだけである。ほかに十数カ国について、断片的な記事が、他の文献に引用された逸文の形でしられている。ただし、これらのすべてに「土蜘蛛」伝承が含まれているわけではない。特徴的なかたよりがみられる。「土蜘蛛」が登場するのは、常陸・豊後・肥前の三国と陸奥・日向の逸文である。現在の関東・東北および九州地方にあたる。当時のヤマトからみると、東の辺境と西の辺境である。

この東西の辺境がヤマトの勢力に服したのは、いつごろのことだろうか。『古事記』『日本書紀』の記すヤマトタケル伝承では、父、景行《けいこう》天皇の命令を受けて、西の熊襲《くまそ》、東の蝦夷《えみし》を討ったあと、故郷ヤマトをしのびつつ皇子は亡くなる。ヤマト王権による長年にわたる勢力拡大の過程が、ヤマトタケルという象徴的名の皇子の悲劇として、一つの物語に語られているのである。ほぼ確実な記録としては、東では、斉明四（六五八）年に阿倍比羅夫《あべのひらふ》の大規模な蝦夷征討があり、その後、七世紀後半から八、九世紀を通じて、各地に城柵を築きながら、東北地方への勢力拡大がつづいた。西については、七世紀末に大隈《おおすみ》・阿多《あた》の隼人《はやと》たちの朝貢記事が集中してでてくる。隼人というのは、南九州の人々をさす。しかし、彼らはまだ完全に朝廷の支配下に入っていたわけではない。養老四（七二〇）年に大規模な反乱があり、最終的に制圧された。

『風土記』が編纂された八世紀前半〜半ばにかけては、東と西の辺境で、実際に「征討」の戦いがつづいていた時期なのである。東は常陸・陸奥、西は豊後・肥前・日向の『風土記』に「土蜘蛛」の話がみられるのは、こうした現実が背景にあると考えられる。『風土記』の征討伝承は、はるか昔に滅ぼされた首長たちの物語として語られているが、具体的な描写には、編纂当時に目の前で繰り広げられていた生々しい戦闘の記憶も影響を及ぼしているとみてよいだろう。長期にわたる勢力拡大・制圧の過程、編纂当時にもつづいていた「征討」の過程を、朝廷の側では、遠い過去の天皇の時代にすでに決着のついたこと、天皇への服属はすでに定まっているもの、として描いているのである。

†男の「土蜘蛛」、女の「土蜘蛛」

『風土記』の話を読んでまず目につくのは、女の「土蜘蛛」が大勢登場することである。たんに「土蜘蛛がいた」とか「滅ぼした」ではなく、具体的な名前をあげて「土蜘蛛」の動きが語られる話を拾い上げると、次頁の表のようになる。この中には、実質的には「土蜘蛛」と同じ土着勢力なのだが、「土蜘蛛」とは記されていないものもある。「女?」「男?」と疑問符をつけた意味は、第三章第3節で述べる。○と×は、征討した朝廷の側からみての評価を、わかりやすく表示してみたものである。

『風土記』の土蜘蛛名一覧（○と×は征討した側から見ての評価）

風土記	女？	男？	去就	
〔常陸国〕				
新治郡笠間村	油置売命			
行方郡提賀里		手鹿		
男高里		小高		
板来村		夜尺斯・夜筑斯	×	焚き滅される
当麻郷		鳥日子	×	殺される
芸都里		寸津毗古	×	斬殺される
	寸津毗売		○	降伏し朝夕供奉
〔豊後国〕				
日田郡	久津媛（神）		○	人に化して国状を教える
五馬山	五馬媛			
直入郡禰疑野		打猨・八田・国摩侶	×	伐たれる
大野郡網磯野	小竹鹿臣	小竹鹿奥	○	御膳奉仕
速見郡	速津媛		○	密告
		青・白	×	誅滅
〔肥前国〕				
益城郡朝来名峯		打猴・頸猴	×	誅滅
佐嘉郡	大山田女・狭山田女		○	神祭りの方法を教える
松浦郡賀周里	海松橿媛		×	誅滅
大家嶋		大身	×	誅滅
値嘉郷		大耳・垂耳	×→○	降伏し御贄・御膳献上
杵嶋郡嬢子山	八十女		×	誅滅
藤津郡能美郷		大白・中白・少白	×→○	降服し命乞い
彼杵郡速来村	速来津姫		○	弟を密告
		健津三間	×	捕えられて玉を献上
		箟簗	×	捕えられて玉を献上
浮穴郷	浮穴沫媛		×	誅殺
周賀郷		欝比表麻呂	○	従者の船を救う
〔陸奥国〕				
八槻郷	阿邪爾那媛	黒鷲・草野灰・保々吉灰・梼猪・狭磯名	×	逆らい誅殺
	神衣媛	神石萱	×（→○）	子孫は許される
〔日向国〕				
臼杵郡知鋪郷		大鉏・小鉏	○	農耕を祝福

これをざっとみただけでも、男女の数がほぼ半々といってもいいほど、女の「土蜘蛛」の話が多いことがわかるだろう。逆らって滅ぼされた中にも、服属を誓って生き延びた中にも、女の「土蜘蛛」はいる。どちらかというと、徹底抗戦したのは男の「土蜘蛛」が多いようにもみえる。だが実は、そうした表面的な整理だけではみえてこない問題が、ここにはたくさんひそんでいる。男女の「土蜘蛛」、つまり土着勢力を率いる首長の姿がどのように描かれているのか、いくつかの話をとりあげてみていこう。その際に、一つ一つの話に過去の史実の断片が含まれているかどうか、という読み方はしない。そうではなく、土着勢力を野蛮な「土蜘蛛」として描くという『風土記』の基本構想の中で、それぞれの話がどのような象徴的な意味を与えられているのか、どのように語られているのかをみていきたい。特に、男女で語られ方の違いがあるのかどうか、土着勢力を「土蜘蛛」と呼ぶ場合とそうでない場合での違い、といった点に注意して読んでいこう。

†進んで帰服した速津媛

豊後国（現在の大分県のあたり）の風土記では、きわめて多くの記事に「土蜘蛛」が登場する。「纏向《まきむく》の日代《ひしろ》の宮に御宇《あめのしたしろ》しめしし天皇」（景行天皇）がやってきて、この地の「土蜘蛛」を滅ぼし従えた、いう設定である。

「土蜘蛛」として名前をあげられているのは、五馬媛《いつまひめ》・青《あお》・白《しろ》・打猴《うちさる》・八田《やた》・国摩侶《くにまろ》・小竹鹿奥《しのかおき》・小竹鹿臣《しのかおみ》の八人、同じく土着勢力の首長なのに、「土蜘蛛」とは書かれていないのが、久津媛《ひさづひめ》と速津媛《はやつひめ》の二人である。青・白・打猴・八田・国摩侶の五人は、速津媛に密告されて滅ぼされたという。

此の村《むら》に女人《おみな》あり、名を速津媛《はやつひめ》といいて、その処《ところ》の長《おさ》たりき。即《すなわ》ち、天皇《すめらみこと》の行幸《いでまし》を聞きて、親自《みずか》ら迎《むか》え奉《まつ》りて、奏言《もう》ししく、「此の山に大きなる磐窟《いわや》あり、名を鼠《ねずみ》の磐窟《いわや》といい、土蜘蛛《つちぐも》二人《ふたり》住《す》めり。その名を青《あお》・白《しろ》という。また、直入《なおり》の郡《こおり》の禰《ね》疑《ぎ》野《の》に土蜘蛛《つちくも》三人《みたり》あり、その名を打猴《うちさる》・八田《やた》・国摩侶《くにまろ》という。この五人《いつたり》は、並《ならび》に為人《ひととなり》、強暴《ちはや》び、衆類《ともがら》も亦《また》多《さわ》にあり。悉皆《みな》、謡《ことあげ》していえらく、『皇命《おおみこと》に従《したが》わじ』といえり。若《も》し、強《あなが》ちに喚《め》さば、兵《いくさ》を興《おこ》して距《ふせ》ぎまつらん」ともうしき。ここに、天皇《すめらみこと》、兵《いくさびと》を遣《や》りて、その要害《ぬみ》を遮《さ》えて、悉《ことごと》に誅《つみな》い滅《ほろぼ》したまいき。斯《これ》に因《よ》りて、名を速津媛《はやつひめ》の国といいき。後《のち》の人、改めて速《はや》見《み》の郡《こおり》という。

（速見郡条）

大意（景行天皇がクマソ征討のために筑紫にやってきた時）「処の長」であった速津媛は、自ら天皇を出迎えて、五人の「土蜘蛛」が立て籠もる場所を教え、ことごとく滅ぼさせた。そこでここを速津媛の国という。のちに改めて速見郡とした。

速津媛は「その処の長たりき」とあるように、土着の首長で、率先して天皇に従い「土蜘蛛」討滅に貢献したとされている。この話は、『風土記』編纂当時の行政区画である「速見郡」という郡名の、地名伝承として語られている。ハヤミ郡のもとの名はハヤツ国で、それはその「処の長」だった女性首長ハヤツヒメの名にちなむ、というのである。『風土記』は、地名起源説話を巧みに吸収・改変し筆録することによって、国家の支配体系にとりこみ、政治的に編成した（松木俊暁「『風土記』地名起源説話と支配秩序」）。「速津媛」を例としていうと、これは「ハヤのヒメ」という意味である。「ハヤ」は「隼人」（波《は》夜比止《やひと》、『和名抄』）や「波邪《はや》（の小王）」（『唐書』倭国伝）とも通じ、九州南部の地名ないしそこに居住した抵抗勢力をさすのであろう。「ハヤのヒメ」とは、地名を名に負う女性統率者である。「ハヤのヒメ」の服属伝承を語り、さらに「速津《（の）》」クニから「速見」郡へと、律令国家の行政領域名への変更を示すことで、在地の支配秩序を国家がとり込み再編したことが表わされている。

『日本書紀』の景行天皇十二年十月条にも、「速見邑《はやみのむら》に到りたまう。女人有《おみなはべ》り。速津媛と曰《い》う。一処《ひとところ》の長《ひとごのかみ》たり」として、同様に五人の土蜘蛛を密告する話がある。『書紀』は、この直前にも「ここに女人あり。神夏磯《かむなつそ》媛《ひめ》と曰《い》う。その徒衆《やから》甚多《にえさ》なり。一国《ひとくに》の魁帥《ひとごのかみ》なり」

（九月条）として、同じような話を載せる。神夏磯媛は、賢木《さかき》に剣《つるぎ》・鏡・瓊《に》（玉）を掛けて服属を誓い、鼻垂《はなたり》・耳垂《みみたり》・麻剝《あさはぎ》・土折猪折《つちおりいおり》の四人の賊の居所を密告した。彼らはそれぞれ「一処の長」だったが、配下の者ともども、誘い出され殺されてしまったという。

†滅ぼされた土蜘蛛八十女たち

女がいつも密告する側として描かれているわけではない。肥前国（現在の佐賀県と長崎県にあたる）の風土記には、戦って滅びた中にも、女の土蜘蛛が登場する。

同じき天皇《すめらみこと》、行幸《いでま》しし時、土蜘蛛八十女《つちくもやそめ》、また、この山の頂《いただき》にあり、常に皇命《おおみこと》に捍《さか》いて、降服《まつろ》い肯《あ》えざりき。ここに兵《いくさびと》を遣《や》りて、掩《おそ》い滅《ほろぼ》さしめたまいき。因《よ》りて嬢子《おみな》山という。

（杵嶋《きしま》郡嬢子山条）

大意 景行天皇がやってきた時、大勢の女の土蜘蛛が山にたてこもり、降伏しようとしなかった。天皇は兵を派遣して皆殺しにした。

昔者《むかし》、この里《さと》に土蜘蛛《つちくも》あり、名を海松橿媛《みるかしひめ》といいき。纏向《まきむく》の日代《ひしろ》の宮《みや》に御宇《あめのしたしろ》しめしし天皇《すめらみこと》、国巡《くにめぐ》りましし時、陪従《おもとびと》、大屋田子《おおやたこ》を遣《や》りて、誅《つみな》い滅《ほろ》ぼさしめたまいき。

大意 昔、ここに土蜘蛛の海松橿媛がいたが、景行天皇がやってきて滅ぼした。

（松浦郡賀周里条）

同じき天皇《すめらみこと》、……、（神代《かみしろの》）直《あたい》に勅《おお》せて、この村に遣《や》りたまうに、土蜘蛛《つちぐも》あり、名を浮《うき》穴沫媛《あなわひめ》といいき。皇命《おおみこと》に捍《さか》いて、甚《いた》く礼《いや》なければ、即《やが》て誅《つみな》いき。因《よ》りて浮穴《うきあな》の郷《さと》という。

（彼杵郡《そのき》浮穴郷条《うきあなのさと》）

大意 同じく景行天皇がやってきた時、まだ支配に服さない土蜘蛛の浮穴沫媛がいるときいて、部下を派遣して殺させた。

「八十」というのは大勢という意味で、海松橿媛《みるかしひめ》は「里」、浮穴沫媛《うきあなわひめ》は「村」の長《おさ》として描かれている。つまり、肥前国風土記に描かれているのは、いずれも頑強に抵抗して滅ぼされた女性小首長の姿ということになる。地名起源の形をとっている話もあるが、こじつけに近く、実際にこうした話が伝承として語り伝えられていたかは疑わしい。ただ、各地に女性の小首長がいて、たてこもり、抵抗して、殺された、という話が、ごく自然に通用する伝承世界だった、ということはわかる。

もう一つ大事なことがある。肥前国風土記は「土蜘蛛・八十女」「土蜘蛛・海松橿媛」

「土蜘蛛・浮穴沫媛」として、彼女たちの抵抗と誅殺を記すのに対して、豊後国風土記では、率先して帰服した速津媛は「女人」である。「土蜘蛛」とは書かれていない。そこには、『風土記』の鋭い政治性を読み取ることができよう。いうまでもなく、実際に、豊後国では女性大首長が率先して帰服し、肥前国には抵抗した女性小首長が大勢いたということではない。土着勢力をどのようなものとして描くか、そこに〝女〟であることをどうはめ込んでいくかは、国ごとの偏差をともなった描き方の問題なのだ。

†御贄献上を誓った大耳・垂耳

土着勢力の対応は、率先して帰服するか、徹底抗戦して滅ぼされるかだけではない。第三の型として、いったんは抵抗を試みたものの、降参して、服属の誓いとひきかえに許された、という話も多い。ここにも、女の土蜘蛛、男の土蜘蛛の両方がいる。

第一《はじめ》の嶋は名は小近《おちか》、土蜘蛛《つちぐも》大耳《おおみみ》居み、第二《つぎ》の嶋は名は大近《おおちか》、土蜘蛛《つちぐも》垂耳《たりみみ》居めり。自余《そのほか》の嶋は、並《ならび》に人あらざりき。ここに、百足《ももたり》、大耳等《おおみみら》を獲《と》りて奏聞《かえりごともう》しき。天皇《すめらみこと》、勅《みことのり》して、誅《つみな》い殺《ころ》さしめんとしたまいき。時に、大耳等《おおみみら》、叩頭《のみ》て陳《もう》聞ししく、「大耳等《おおみみら》が罪《つみ》は、実《まこと》に極刑《しぬるつみ》に当《あた》れり。万《よろず》たび戮殺《ころ》さるとも、罪《つみ》を塞《ふさ》ぐに足《た》らじ。若《も》し、恩情《おおみめぐみ》を降《くだ》したまいて、再生《またい》くることを得ば、御贄《みにえ》を造り奉《まつ》りて、恒《つね》に御膳《みけ》に貢《たてまつ》らん」ともうして、即《やが》て、木《き》の皮《かわ》を取りて、長蚫《ながあわび》・鞭蚫《むちあわび》・短蚫《みじかあわび》・陰蚫《かげあわび》・羽割蚫等《はわりあわびども》の様《ためし》を作りて、御所《みもと》に献《たてまつ》りき。ここに、天皇《すめらみこと》、恩《みめぐみ》を垂《た》れて赦《ゆる》し放《や》りたまいき。　（松浦郡値嘉郷《ちかのさと》条）

大意（景行天皇がやってきた時）阿曇連百足《あずみのむらじももたり》に命じて、嶋にいた土蜘蛛の大耳・垂耳を捕らえさせた。二人は頭をすりつけて命乞いし、以後は御贄を天皇の御膳として差し出すことを誓い、種々のアワビの加工見本を献上したので、赦された。

征服した土地の産物を食することは、その土地を領有することを象徴する儀礼だった。「御贄・御膳」の献上は、産物の貢納であると同時に、服属の証しである。この話に、征討者として阿曇連《あずみのむらじ》が登場するのは、降伏した「土蜘蛛」が、阿曇連を統率者とする海産物貢上の部民組織に組み込まれ、在地での責任者にされたことを物語る。阿曇連は、宮廷で御膳奉仕を担当した氏族である。

今度は東に目を向けてみよう。常陸国風土記の征討物語は、豊後国風土記や肥前国風土記でみてきた、在地勢力が降参して支配権を認められたというパターンとは違う。古くからの土着勢力は「賊」として滅ぼされてしまい、征討に活躍した部下たちが各地の国造に任じられて、新たな支配秩序を在地に築きあげていくという語りが基本である。「賊」は

「国栖《くず》（巣）」「佐伯」「土雲」などと書かれ、「昔《むかし》、国巣《くず》、俗《くにひと》の語《ことば》に都知久母《つちくも》、又、夜都賀《やつか》波岐《はぎ》という山《やま》の佐伯《さえき》、野《の》の佐伯《さえき》ありき」（茨城《うばらき》郡条）とあるように、ほぼおなじものをさしている。

此《ここ》より南に芸都《きつ》の里《さと》あり。古《いにしえ》、国栖《くず》、名は寸津毘古《きつひこ》・寸津毘売《きつひめ》というもの二人《ふたり》ありき。その寸津毘古《きつひこ》、天皇《すめらみこと》の幸《いでまし》に当《あた》り、命《みこと》に違《たが》い、化《おもむけ》に背《そむ》きて、甚《いた》く粛敬《いや》なかりき。爰《ここ》に御《み》剣《つるぎ》を抽《ぬ》きて、登時《たちまち》に斬《き》り滅《ころ》したまいき。是《ここ》に、寸津毘売《きつひめ》、懼悚《おそ》り心愁《うれ》え、白幡《しろはた》を表挙《かか》げて、道《みち》に迎《むか》えて拝《おろが》みまつりき。天皇《すめらみこと》、矜《あわれ》みて恩旨《みめぐみ》を降《くだ》し、その房《いえ》を放免《ゆる》したまいき。更《さら》に乗輿《みこし》を廻《めぐ》らして、小抜野《おぬきの》の頓宮《かりみや》に幸《いでま》すに、寸津毘売《きつひめ》、姉妹《いろねいろと》を引率《ひきい》て、信《まこと》に心力《こころ》を竭《つく》し、風雨《あめかぜ》を避《さ》けず、朝夕《あしたゆうべ》に供《つか》えまつりき。（行方《なめかた》郡芸都《きつ》里条）

大意　芸都の里に寸津毘古・寸津毘売という二人の国栖がいた。寸津毘古は天皇に逆らって殺され、それを見て恐れた寸津毘売は白旗を掲げて降伏し、許された。寸津毘売は姉妹とともに、天皇の行幸先の仮宮で朝夕熱心に奉仕した。

寸津毘売たち姉妹の奉仕の描写には、天皇の身近で御膳等の奉仕をした采女《うねめ》（地方豪族の姉妹）の姿が投影されているかのようだ。キツという地名を負うヒコとヒメの話である。

これまで、地名＋ヒコ・ヒメの名称は、古い首長たちの名前のタイプと考えられてきた。しかし、土蜘蛛伝承をみていくと、ヒコとヒメの対の名称がみられるのは、実はここだけなのである。これについては、またあと（第四章）でふれる。

†一族を率いて戦った八人の土蜘蛛

陸奥国風土記逸文の土知朱《つちぐも》の話には、征討伝承のスタイルがセットとなって持ち込まれていて、類型化が著しい。それでも、首長の名前や戦闘の経過、武器の違いなどは、「この土地の人々が口伝えに伝えた、この事件に関する伝承が基になっている」らしい（溝口睦子「『風土記』の女性首長伝承」）。

昔、この地《くに》に八《や》たりの土知朱《つちぐも》ありき。一を黒鷲《くろわし》と曰《い》い、二を神衣媛《かむみぞひめ》と曰《い》い、三を草野灰《かやのはい》と曰《い》い、四を保々吉灰《ほほきはい》と曰《い》い、五を阿邪爾那媛《あざになひめ》と曰《い》い、六を栲猪《たくい》と曰《い》い、七を神石萱《かむいしかや》と曰《い》い、八を狭礒名《さしな》と曰《い》いき。各《おのもおのも》、族《うから》ありて、八処《やところ》の石室《いわむろ》に屯《いわ》みき。……且《また》、津軽《つがる》の蝦夷《えみし》に謀《ことつ》げて、許多《ここだ》く猪鹿《しし》弓《ゆみ》・猪鹿《しし》矢《や》を石城《いわき》に連《つら》ね張《は》りて、官兵《みいくさ》を射《い》ければ、官兵え進《す》歩まず。日本武尊《やまとたけるのみこと》、槻弓《つきゆみ》・槻矢《つきや》を執《と》り執《と》らして、七発《ななさ》発《はな》ち、八発《やさ》発《はな》ちたまえば、則《すなわ》ち、七発《ななさ》の矢《や》は電《なるかみ》如《な》す鳴り響《とよ》みて、蝦夷《えみし》の徒《ともがら》を追《お》い退《しりぞ》け、八発《やさ》の矢《や》は八《や》たりの土知朱《つちくも》を射《い》貫《つらぬ》きて、立《たちどころ》に斃《ころ》しき。その土知朱《つちぐも》を射《い》ける征箭《そや》は、悉《ことごと》に芽生《めお》いて槻《つき》の木と成りき。その地《ところ》を八槻《やつき》の郷《さと》と云う。神衣媛《かむみぞひめ》と神石萱《かむいしかや》との子孫の赦《ゆる》されし者は郷《さと》の中《うち》にあり。今、綾《あや》戸《べ》と云《い》う、是《これ》なり。（陸奥国八槻《やつき》郷条）

大意 男女八人の土知朱が、それぞれの一族を率いて要害の石室にたてこもっていた。日本武尊が征討にきたので、津軽の蝦夷とともに猪鹿弓・猪鹿矢で戦ったが、日本武尊の槻弓・槻矢で全員が殺された。許された者の子孫は今も綾戸として郷中にいる。

男女の土蜘蛛の全滅と、一部の子孫が衣服関係の部民組織に組み込まれたことを語る話である。逸文なので、どこまでが風土記の本来の文章なのかは疑問もあるが、一族を率いることも、戦って射殺されることも、子孫の一部が赦されることも、全てにおいて男女を区別しない描き方である。

†神と化した「土蜘蛛」

「土蜘蛛」伝承の多くは景行天皇または日本武尊《やまとたけるのみこと》の征討の時とされるが、はたしていつごろのことかは、もちろんわからない。それぞれの話の核となる伝承が必ずあったともいえない。「速津媛」や「大耳」を、それぞれ実在した女性首長・男性首長についての語り伝えとみて、そこから直接史実のかけらを探りだそうとしたり、支配領域の規模を論じたりしても意味がない。ただ全体としてみた場合、ヤマト朝廷に滅ぼされた在地勢力にまつわる話が各地に伝えられていて、その中には男女の「土蜘蛛」や「国栖」がいたことは間違いない。女たちも男たちも、ある時は時代の趨勢を見通して支配者として勢力を拡大することに成功し、ある場合には闘いの途を選んで滅び、あるいは服属集団の長として生き延びたのである。

さて、すでに述べたように、率先して帰服した速津媛（豊後国風土記）や神夏磯媛（『日本書紀』）は、「女人あり」とされ、「土蜘蛛」とは書かれていない。ヤマトの側からみた〝良い〟首長は、「土蜘蛛」ではなく「女人」なのである。これがさらに昇華された形をとると、土着勢力が、一国の支配権を献上する「神」として語られることもある。

（景行天皇がクマソ征討から凱旋の途上で）この郡《こおり》に幸《い》でまししに、神あり、名を久津媛《ひさづひめ》という。人と化為《な》りて参迎《まいむか》え、国の消息《ありさま》を弁《わきま》え申《もう》しき。斯《これ》に因《よ》りて久津媛《ひさづひめ》の郡《こおり》といいき。今、日田《ひだ》の郡《こおり》と謂《い》うは、訛《よこなま》れるなり。（豊後国日田《ひだ》郡条）

大意　その土地の神が人の姿になって天皇を迎え、国情を報告して支配に服した。その名前にちなんで久津（ヒメ）の郡といい、いまは日田郡という。

（景行天皇がやってきて国見の使者を派遣した時）ここに、人あり、迎《むか》え来《き》て、いいしく「僕《あ》は此の山の神、名は高来津座《たかくつくら》ともうす。天皇《すめらみこと》のみ使《つかい》の来ますことを聞きて、迎《むか》え奉《まつ》らくのみ」ともうしき。因りて高来《たかく》の郡《こおり》という。（肥前国高来《たかく》郡条）

大意 土地の山の神があらわれ、名をなのって、天皇の使者を歓迎した。その名にちなんで高来（に居る神）の郡という。

天皇を出迎え、歓迎し、国情を告げたというのは、速津媛が「天皇の行幸を聞きて、親自ら迎え奉りて」土蜘蛛の在りかを密告したのと、同じ語りである（本章の表にはない）。右にみたように、「神」としての支配権返上を語る話にも、女神と男神がいる。『風土記』の東と西の辺境の物語では、「土蜘蛛」、「女人」、そして「神」、と描かれ方はさまざまだが、女性首長の存在は、男性首長と同じように区別なく見いだされるのである。

2　女神と男神の物語

†「土蜘蛛」の登場しない『風土記』

まとまって残っている五カ国の『風土記』のなかで、播磨と出雲には「土蜘蛛」が全く登場しない。それと見事に対応する形で、天皇の征討巡行の話もない。常陸・豊後・肥前の『風土記』では、昔々、天皇や皇子が征討にやってきて、荒ぶる「土蜘蛛」を殺し服属させ、国見《くにみ》・国讃《くにほ》めをし、献上された土地の産物を食して、そこにヤマト側の支配秩序をうちたてた。「土蜘蛛」伝承と天皇の「征討巡行」はセットなのである。では、播磨と出雲では、土着勢力はどう描かれているのだろうか。また、支配秩序はどのようにしてうちたてられたことになっているのだろうか。

出雲では、巡行するのは天皇ではなく、「天《あめ》の下造《したつく》らしし大神《おおかみ》オオナモチ命《みこと》」である。ヤツカミズオミツノ命が「国引き」をして国土を形成し、オオナモチ命が各地を巡行し、国見・国讃めをして支配を固め、最後に「国譲《くにゆず》り」で皇御孫命《すめみまのみこと》に全支配権を奉呈して、自らは神としてその土地の中心に祀られる。記紀神話に接合されたこの壮大な神話体系の中で、各地の土着勢力は、それぞれの社に鎮座し祀られる神々に象徴的に浄化されてしまっていて、生身の姿をほとんど現さない。郡毎に大小すべての神社名を詳細に列記するという、出雲国風土記の大きな特色も、このことと関わるのだろう。

一方、播磨では、在地豪族の娘に対する天皇の求婚譚、イワ大神を筆頭とするさまざまな神々の国占《くにし》め・水争い、そしてヤマトや渡来系などの外来勢力の移住・開墾の話、という三つが伝承のおもな柱である。早くからヤマトの勢力と連合・服属関係にあり、水陸両面で各地との交流の活発だったこの地の歴史が、こうした特色となってあらわれているのだろう。天皇の巡行も、求婚のほかは開拓や国堺の確定に関するもので、征討譚の形をとらない。また、ここに登場する男女の神々は、出雲のように社に鎮座して祀られるだけの神ではない。人間と全く同じように、恋をし、田畑に水を引き、腕力を競い、支配権を争う。いずれも、記紀神話には全く登場しない神々である。こうした在地の神々の伝承が播磨国風土記には豊富にみられ、そこには、「村々の首長の面影」が宿っているという(倉塚曄子「女神に関する覚書」)。

出雲と播磨の『風土記』に「土蜘蛛」伝承がないのは、いうまでもなく、そこに首長たちがいなかったからではない。土着勢力を「神」として描くか、「土蜘蛛」とするかは、それぞれの地域の現実の歴史と『風土記』編纂時の神話観をふまえた、語り手の側の語り方の問題なのだ。この語りの中で、出雲では女神《めがみ》はおもに大神の母や妻としてしか登場しないのに対し、播磨では、男神《おがみ》と肩を並べての活躍ぶりが著しい。私たちはそこに、女性首長の伝承を重ねてみることができるだろう。「土蜘蛛」にひきつづいて、「女神」の物語から『風土記』の女たちを読んでいきたい。

†水争いに勝った大力の女神

播磨国風土記には、女神と男神が争う話が多い。水をめぐる争いもその一つである。土地を開墾して豊かな田にするためには、水が必要であり、知恵をしぼり、技術力を動員して、水の流れを自分の村に引いてくる。水争いに勝つことは、村人を率いる者として、欠かせない条件だった。

美奈志川《みなしがわ》と号《なづ》くる所以《ゆえ》は、伊和《いわ》の大神《おおかみ》のみ子《こ》、石竜比古命《いわたつひこのみこと》と妹石竜比売命《いもいわたつひめのみこと》と二《ふた》はしらの神、川の水を相競《あいあらそ》いましき。妋《せ》の神は北の方越部《かたこしべ》の村《むら》に流さまく欲《おもほ》し、妹《いも》の神は南の方《かた》泉《いずみ》の村に流さまく欲《おもほ》しき。その時、妋《せ》の神、山の岑《みね》を踰《ふ》みて流し下《くだ》したまいき。妹《いも》の神見て、非理《あじきなし》と為《おもほ》し、即《やが》て指櫛《さしぐし》を以《も》ちて、その流《なが》るる水を塞《せ》きて、岑《みね》の辺《へ》より溝《みぞ》を闢《ひら》きて、泉《いずみ》の村《むら》に流して、相格《あいあらそ》いたまいき。爾《ここ》に、妋《せ》の神、復《また》、泉《いずみ》の底《しり》に到《いた》り、川の流れを奪《うば》いて、西《にし》の方桑原《かたくわはら》の村《むら》に流さんとしたまいき。ここに、妹《いも》の神、遂《つい》に許《ゆる》さずして、密樋《したび》を作り、泉《いずみ》の村《むら》の田《た》の頭《ほとり》に流し出《いだ》したまいき。これに由《よ》りて、川の水絶《た》えて流れず。故《かれ》、无水川《みなしがわ》と号《なづ》く。（揖保《いぼ》郡美奈志《みなし》川条）

大意　イワ大神の子のイワタツヒコとイワタツヒメが水争いをした。男神は北の越部村に流そうとし、女神は南の泉村に流そうとする。男神は頂上を低くして北方に下したので、女神は櫛で流れをせきとめ、溝を開き、泉村に流した。そこで男神は下流の水を西の桑原村に流そうとしたが、女神は地下に樋を通して泉村の田まで水を引いてきた。そのため地表の水の流れが絶えたので、水無川という。

この話では、女神が、さまざまな方法を駆使して、自分の村への水を守りきっている。

†国占めをする女神・男神

新たな土地を占領し、支配権を樹立する、国占め・堺争いの話も多い。それらは神々の力比べとして語られ、支配の標として杖を地面に突き立てる。こうした国占めの話にも、女神と男神が登場する。まずは女神の話からみていこう。

都可《つか》と名《な》づくる所以《ゆえ》は、石竜比売命《いわたつひめのみこと》、泉《いずみ》の里《さと》の波多為《はたい》の社《もり》に立《た》たして射《い》たまうに、此処《ここ》に到りて、箭《や》尽《ことごと》に地《つち》に入《い》り、唯握《ただつか》ばかり出でたりき。故《かれ》、都可《つか》の村《むら》と号《なづ》く。以後《そののち》、石《いし》川《かわ》の王《おおぎみ》、総領《すべおさ》たりし時《とき》、改《あらた》めて広山《ひろやま》の里《さと》となす。（揖保郡広山里《ひろやまのさと》条）

大意 イワタツヒメが泉村から放った矢がここまで飛んできて、矢の握り（つか）の部分しかみえないほどにしっかりと地中にめりこんだ。そこで都可村と名づけたが、のち朝廷から派遣された長官が、広山里と改名した。

美奈志川の話のところで水争いに勝ったイワタツヒメは、ここでは、大力の女としての姿を示す。矢を射るのは、土地占めの呪術的儀礼表現である。律令国家の行政領域名への変更で、地名と伝承との結びつきが絶たれるというパターンは、「土蜘蛛」のハヤツヒメについてみたことと共通する。

男神どうしが、物を投げて国占め争いをする話もある。

御形《みかた》と号《なづ》くる所以《ゆえ》は、葦原志許乎命《あしはらのしこおのみこと》、天日槍命《あまのひぼこのみこと》と、黒土《くろつち》の志爾嵩《しにだけ》に到《いた》りまし、各《おのもおのも》、黒葛《つづら》三条《みかた》を以《も》ちて、足に着《つ》けて投《な》げたまいき。その時、葦原志許乎命《あしはらのしこおのみこと》の黒葛《つづら》は、一条《ひとかた》は但馬《たじま》の気多《けた》の郡《こおり》に落《お》ち、一条《ひとかた》は夜夫《やぶ》の郡《こおり》に落ち、一条《ひとかた》はこの村《むら》に落ちき。故《かれ》、三条《みかた》という。天日槍命《あまのひぼこのみこと》の黒葛《つづら》は、皆、但馬《たじま》の国に落ちき。故《かれ》、但馬《たじま》の伊都志《いづし》の地《ところ》を占《し》めて在《いま》しき。

（宍禾《しさわ》郡御方里条）

大意 アシハラノシコオ（ヲ）とアマノヒボコが、山の上から黒ツヅラ三本を足に着けて投げあった。アシハラノシコオが投げたツヅラは、隣国但馬の気多郡・夜夫郡とこの村に、アマノヒボコのものは全て但馬国に落ちたので、それぞれその土地を占拠した。

アマノヒボコは韓国《からくに》から渡来した神で、播磨の各地でアシハラノシコオ（ヲ）と激しい国占め争いをする。揖保郡粒丘《いいぼおか》の話では、ヒボコの激しい勢いに恐れをなしたシコオは、「先《さき》に国を占《し》めん」と思って丘に登り、「杖《つえ》を以《も》ちて地《つち》に刺《さ》したまうに、即ち杖《つえ》の処《ところ》より寒泉《しみず》涌《わ》き出でて、遂《つい》に南と北とに通《かよ》いき」。杖を突き立てるのは土地占拠の標で、そこから水がわき出て広がったというのは、支配の確立と水の確保が密接な関係にあることを示している。

女神どうしの国堺をめぐっての争いにも、水がからむ。

都麻《つま》と号《なづ》くる所以《ゆえ》は、播磨刀売《はりまとめ》と丹波刀売《たにはとめ》と、国を堺《さか》いし時、播磨刀売《はりまとめ》、この村《むら》に到《いた》りて、井《い》の水を汲《く》みて、飡《いいくら》いて、「この水有味《みずうま》し」といいき。故《かれ》、都麻《つま》という。

大意 播磨トメと丹波トメが播磨・丹波両国の堺を決めた時、播磨トメが国の端（ツマ）にあるこの村で湧き水を飲み、「うまい」といった。

（託賀《たか》郡都麻《つま》里条）

ここでは両国の勢力争いが、国名を負う女神どうしの話として語られている。国讃めが国土支配の儀礼であるのと同じように、「うまい」とほめることで、その水、ひいては水を出す土地そのものに対する支配権が宣言されたことになるのである。

大神妹妹《いもせ》二柱《ふたはしら》、各《おのもおのも》競《きそ》いて国占《くにし》めましし時、妹玉津《いもたまつ》日女命《ひめのみこと》、生《い》ける鹿《しか》を捕《と》り臥《ふ》せて、その腹《はら》を割《さ》きて、その血《ち》に稲種《いねま》きき。仍《よ》りて、一夜《ひとよ》の間《ほど》に、苗生《なえお》いき。即《すなわ》ち取《と》りて殖《う》えしめたまいき。ここに、大神、勅《の》りたまいしく、「汝妹《なにも》は、五月夜《さよ》に殖《う》えつるかも」とのりたまいて、やがて他処《あだしところ》に去《さ》りたまいき。

（讃容《さよ》郡条）

大意 イワ大神と妹の玉津ヒメが国占め争いをした時、ヒメは生きた鹿の腹を割いてその血を苗代とし、一夜の間に育った苗で田植えをした。大神はヒメの田植えに感嘆の言葉を残して、去っていった。

古代の慣習では、早く植え付けた者に田の占有権があるので、敗れた男神は去ったのである。呪術的な装いをこらしてはいるが、すぐれた農業技術力を駆使した者が勝利したことを示す話である。

†求婚を拒絶した女神

女神と男神の争いは、結婚をめぐる話としても語られる。求婚を拒絶した女神の話を二つみてみよう。はじめの話は水争いともからんでいて、求婚譚が勢力争いを語る話でもあることがわかる。

その川は、安師比売《あなしひめ》の神《かみ》に因《よ》りて名となす。伊和《いわ》の大神、娶誂《つまどい》せんとしましき。その時、この神、固《かた》く辞《いな》びて聴《き》かず。ここに、大神、大《いた》く瞋《いか》りまして、石《いし》を以《も》ちて川の源《みなもと》を塞《せ》きて、三形《みかた》の方《かた》に流し下《くだ》したまいき。

（宍禾郡安師《あなし》里条）

大意 イワ大神が安師ヒメに求婚したが、ヒメが断固拒絶したので、大神は怒って石で川の流れをせき止め、安師の里には流れないようにした。

昔、讃伎日子《さぬきひこ》の神、氷上刀売《ひかみとめ》を誂《つまど》いき。その時、氷上刀売《ひかみとめ》、答《こた》えて「否《いな》」というに、日《ひ》子神《こがみ》、猶強《なおし》いて誂《つまど》いき。ここに、氷上刀売《ひかみとめ》、怒《いか》りていいしく、「何《なに》の故《ゆえ》に、吾《あれ》を強《し》うるや」といいき。即《すなわ》ち、建石命《たけいわのみこと》を雇《やと》いて、兵《つわもの》を以《も》ちて相闘《あいたたか》いき。ここに、讃伎日子《さぬきひこ》、負《ま》けて還《かえ》り去《い》にて、いいしく、「我《あ》は甚《いた》く怯《つたな》きかも」といいき。（託賀郡都太岐《つたき》条）

大意 讃伎ヒコが氷上トメに求婚した時、トメは拒否したのにヒコはしつこく迫った。そこでトメは怒って、建石命を雇って闘わせた。ヒコは「俺は弱いなあ」といって立ち去った。

逆に、女神の方がしつこく男神を追いかける話もある。

花浪《はななみ》の神の妻《め》、淡海《おうみ》の神、己《おの》が夫《せ》を追《お》わんとして此処《ここ》に到《いた》り、遂《つい》に怨《うら》み瞋《いか》りて、妾《みずから》、刀《かたな》以《も》ちて腹《はら》を辟《さ》きて、この沼《ぬま》に没《おちい》りき。（賀毛《かも》郡腹辟沼《はらさきぬま》条）

大意 近江国の女神が夫の男神を追いかけてここまでやってきたが、怒りと怨みのあまり遂に刀で自分の腹を割いて、沼に身を投げた。

†ヒメとヒコ

ここまで、播磨国風土記から、土地を占拠し、力較べをし、水争いをし、田を守り、婚姻の選択をする、女神と男神の姿をみてきた。常陸・陸奥・肥前・豊後・日向風土記の征討説話に登場する「土蜘蛛」たちは、男にしても女にしても、服属するか滅ぼされるかのどちらかであり、話はワンパターンになりがちだった。そこに描かれるのは、ヤマトの勢力と向かい合う場面でしかない。それに対して、播磨国風土記では、女神と男神の牧歌的な神話の形ではあるが、生産・労働・政治に関わる、首長としての日常的活動の側面をうかがいみることができた。そして、「土蜘蛛」の描かれ方に男女でほとんど違いがなかったように、在地の神々の物語においても、そこに宿る首長的風貌の内容において、女神と男神にはほとんど違いがない。古代には男性首長も女性首長もいて、その首長としての機能には、性別による違いや分担はあまりなかった、とみてよいのではないだろうか。

ところで、「土蜘蛛」の話のところでふれたように、地名＋ヒメ・ヒコのタイプの人名は、「土蜘蛛」については、常陸国風土記の寸津毗古・寸津毗売の一例だけだった（二五頁）。ところが播磨国風土記には、多くのヒメ・ヒコ一対の名称がみられる。

イ　吉備ヒコ・吉備ヒメ（印南《いなみ》郡南毗都麻《なびつま》条）

これは神ではなく、ヤマトの使者を出迎えた在地の豪族として描かれている。ヒメはその使者と結婚し、生まれた印南別嬢《いなみのわきいらつめ》が、のちに景行天皇の求婚相手となる。

ロ　阿賀《あが》ヒコ・阿賀ヒメ（飾磨《しかま》郡英賀《あが》里条）
伊和《いわ》大神の子で、ここに鎮座。よって神名が里の名となった。

ハ　伊勢都《つ》ヒコ・伊勢都ヒメ（揖保《いぼ》郡伊勢野条）
伊和大神の子で、山の峰に鎮座。渡来系の移住者によって祀り鎮められた。

ニ　石竜《いわたつ》ヒコ・石竜ヒメ（揖保郡美奈志《みなし》川条）
伊和大神の子で、水争いをし、ヒコ神が敗れて去った。

ホ　玉足《たまたらし》ヒコ・玉足ヒメ（讃容《さよ》郡雲濃《うの》里条）
伊和大神の子で、大石命《おおいわのみこと》を生む。

ヘ　玉帯志《たまたらし》ヒコ大稲男《おおいなお》・玉帯志ヒメ豊稲女《とよいなめ》（美嚢《みなぎ》郡高野《たかの》里条）
祝田《ほうだ》の社に鎮座する神。

イも含めて、ほとんどは系譜の中で語られる名前であり、鎮座し祀られる神であって、具体的伝承には乏しい。首長の面影を宿す人間くさい神として、さきに紹介した神々とダブるのは、ニの石竜ヒメだけである。ホ・ヘにいたっては、男女対の名称であることだけに意味があるかのような、きわめて抽象的・観念的な名である。

古代には、各地に＊＊ヒメと＊＊ヒコという一対の名前を持つ女と男（キョウダイ）の首長がいて、ペアで聖と俗を分担していたという、広く流布している図式（ヒメヒコ制）は、よくよく考え直してみる必要があると思う。播磨国風土記でいえば、女神も男神もそれぞれ単独の首長として活動をしており、一対での分担のようにはみえない。女神たちの多くは＊＊ヒメという名前だが、中には「播磨刀売《はりまとめ》」「丹波刀売《たにはとめ》」「氷上刀売《ひかみとめ》」（託賀《たか》郡）、「吉川大刀自《えがわのおおとじ》」（美嚢《みなぎ》郡）、「飯盛大刀自《いいもりのおおとじ》」など、古い女性尊称語尾である「トメ」や「トジ」名を持つ女神もいて、彼女たちには、単独で土地を領する首長の面影が、より一層濃い。ヒメとヒコの一対、そしてヒメ名称自体も、もしかすると、のちの時代（『風土記』編纂からさほど遡らないころ）に作り出された、新しい男女観の反映なのではないだろうか。

3　古墳に眠る女性首長

『風土記』の伝承は、あくまでも（机上の創作も交えた）伝承であるから、それぞれの話が何世紀のことだなどとは、そもそもいえない。しかし、「土蜘蛛」にせよ「女神・男神」にせよ、話の背景となっているのは、村人をひきいて土地を占拠し、移住先での開拓を図る小首長どうしの勢力争いであり、侵入してくるヤマトの勢力との壮絶な戦いである。これを実際の歴史の年代でいえば、弥生時代後期から古墳時代ごろということになろう。そこで今度は、伝承からではなく、考古学の発掘成果から、実際にこのころに女性首長が存在したのかどうかを見ていこう。

†古墳に葬られたのは男か女か

大王墓と考えられている全長四〇〇メートル以上の巨大な前方後円墳から、小集団の長を葬った小さな円墳・方墳まで、この日本列島上には十万基以上の古墳が存在する。では、これら大小の古墳に葬られたのは、男だったのだろうか、女だったのだろうか。かつては、政治的支配者＝男という前提からか、古墳に葬られているのは男だろう、と漠然と考えられがちだった。立派な腕輪や首飾りをつけた女性埋葬例があると、〝巫女〟の一言で片づけられてきたのである。そうした学問状況に変化が生まれたのは、人骨資料を総合して、古墳時代の女性の地位を考察した、今井堯氏の研究以降のことである（「古墳時代前期における女性の地位」）。前期の首長墳について、その分析結果をまとめると、おおよそ次のようになる。

・古墳時代前期（五世紀中葉以前）において、各地域の中心となる首長墳の中核部分に熟年女性が単独で埋葬されている例、複数埋葬のうちの中心人物が熟年女性である例などを含めて、女性首長の存在は、九州から関東にまでおよぶ。
・副葬品からみて、地域政治集団の女性首長は祭祀権だけではなく、軍事権・生産権をも掌握しているとみられ、同時期の男性首長と同様の首長権を持つ。
・小集団を背景とする女性小首長の中には、祭祀的・呪術的性格の濃いものも含む。
・成人男女二体の首長埋葬や、男性首長につぐ第二の地位を女性埋葬が占める例も多く、首長権の一部を分担した女性が広く存在した。
・男性首長の単独中心埋葬は、女性首長例に比べてわずかに多い程度で、男女二体を中心部に埋葬する例よりは少ない。
・大王墓を含む巨大古墳の多くは、現在も発掘が制約されていて、被葬者の性別を判断できない。

今井氏が分析に用いたのは、性別と時期が明確に判定でき、かつ、他の被葬者と区別できる副葬品があって社会的地位をみる手がかりになる、という条件を満たす人骨資料である。したがって数はある程度限定されるし、今後の事例の増加によっては、結論の細部に変動もあるかもしれない。しかし、日本の古代に、女性首長がまれな例外としてではなく、男性首長と肩を並べて広く存在していた、ということだけはほぼ間違いなくいえよう。『風土記』の伝承には、それを生み出すだけの現実的背景があったのである。

†軍事・生産とも関わった向野田古墳の女性首長

今井氏のあげる、単独女性首長の代表例をみてみよう。熊本県宇土《うと》市の、有明海に突き出た宇土半島の付け根、不知火《しらぬい》海を見下ろす丘の上に、全長八七メートルの向野田《むこうのだ》古墳がある。四世紀末～五世紀初の前方後円墳である。中心埋葬は後円部にあり、三十代後半の女性が単独で葬られていた。石棺の中には、方格規矩鏡などの鏡三面、石釧《いしくしろ》(腕輪)などの石製宝器、勾玉《まがたま》などの装身具多数が副葬され、棺と石室との間の狭い隙間には、鉄の長剣・短剣、直刀、槍などの武具と、鉄斧・刀子《とうす》などの工具が多数置かれていた。この地域には、四世紀代の弁天山・迫《さこ》の上《うえ》古墳があり、向野田古墳に続く時期には、全長一〇〇メートルをこす不知火天神山・擂鉢山古墳が作られた。つまり、向野田古墳に葬られた壮年女性は、四世紀から五世紀にかけて次々にこの地域を統括した首長たちの一人であり、この古墳が造営された四世紀末～五世紀初においては、地域一帯で最大の首長だったことになる。副葬品からみて、「単なる祭祀首長でなく、軍事・生産を掌握した女性首長」とみられている（今井前掲）。

古墳の立地する宇土半島は、古代でいうと肥後国になる。肥前国風土記の冒頭には、「肥前《ひのみちのくち》の国《くに》は、本《もと》、肥後《ひのみちのしり》の国《くに》と合《あわ》せて一つの国たりき。昔者《むかし》、磯城《しき》の瑞籬《みずがき》の宮《みや》に御《あめの》宇《したしろ》しめしし御間城《みまき》の天皇《すめらみこと》（崇神天皇）のみ世《よ》、肥後《ひのみちのしり》の国益城《ましき》の郡《こおり》の朝来名《あさくな》の峯《みね》に、土《つち》蜘蛛《ぐも》、打猴《うちさる》・頸猴《うなさる》二人《ふたり》あり……」と、おなじみの土蜘蛛征討伝承があって、討滅に功績のあった火君健緒組《ひのきみたけおくみ》にこの国を治めさせたので「火の国」という、という国名起源が記されている。このあとに、景行天皇が「珠磨贈於《くまそ》を誅《つみな》いて、筑紫《つくし》の国《くに》を巡狩《めぐりみそなわ》しし時、葦北《あしきた》の火流《ひながれ》の浦《うら》（現在の熊本県八代市）より発船《ふなだち》して、火《ひ》の国《くに》に幸《いでま》しき」と、不知火海を渡っての巡行・征討記事がつづく。

向野田古墳は不知火海を見下ろす位置にある。おそらく、海上交通権の掌握も、首長権の重要な内容をなしていたのだろう。肥後国風土記がもし残っていたら、この古墳の主である女性首長にまつわる伝承もあったかもしれない。それは、率先して支配権を差し出し天皇の船を案内するという話だったろうか、それとも、抗戦して滅ぼし尽くされた、という話になっていたのだろうか、などと想像してみたくなる。

†河川流域を支配した大谷古墳の女性小首長

河川流域平野を望む丘陵上に葬られ、日本海交通との関わりが推定される女性首長の例を、次にみてみよう。場所は現在の京都府京丹後市、日本海に突き出た丹後半島の付け根である。半島を貫流して日本海にそそぐ竹野川上流の丘の上に、五世紀前半の帆立貝式前方後円墳、大谷古墳がある。ここには熟年女性が葬られていて、鏡・玉類とともに鉄剣・鉄斧が遺骸のすぐ脇に副葬されていた（本章扉写真）。規模は全長三二メートルと小型だが、周辺に多数分布する方墳・円墳の中にあって、「大谷古墳はこの地域での傑出した規模の前方後円墳」であり、「五世紀前半をとれば、この地域での豪族・首長が女性であった」ことになる（森浩一「古墳にみる女性の社会的地位」）。

大谷古墳は、小規模な古墳が集中するこの地域にあって、最初の傑出した首長墓である。一方、竹野川の下流域には、日本海に面して全長一九〇メートルの神明山古墳があって、丹後半島一帯を支配した大首長の墓と考えられている。古代において、丹後半島は、日本海によって中国・朝鮮ともつながり、早くから開けた先進地帯だった。このころにはまだ国内に鉄鋳造の技術はなく、鉄製品は、武器にしても農具にしても、朝鮮半島からもたらされるものに依存していた。戦争を含む交流によって、鉄製品・技術を独占的に手にした者が、生産力と軍事力を強め、製品・技術の供給を通じて配下に中小首長を組織し、政治的同盟の盟主となっていく。こうした動きが、弥生から古墳時代を通じて、日本列島上の各地で進行していた。大谷古墳の主も、この動きの中で、大勢力と関係を結ぶことで先進的な鉄製品を入手し、竹野川上流域の自らの小世界における支配権を確立したのだろう。彼女の墓に副葬された鉄斧は、その象徴である。

瀬戸内海の大輪田泊《おおわだのとまり》を見下ろす山に築かれた兵庫県神戸市の得能山《とくのうさん》古墳は、四世紀ごろの円墳で、熟年女性が葬られていた。副葬品は、伝世の中国鏡（重文指定）を含む二面の銅鏡と鉄刀である。「港を支配した豪族がこの場合は女性である」ことを示すという（森前掲）。

†女性首長と武器・武装

弥生から古墳時代前期を通じて、女性首長が広く存在していたこと、彼女たちは、もっぱら祭祀を担う巫女的首長とか男性首長の補佐だったというわけではなく、生産や流通にかかわる権能を持ち、政治的同盟を結ぶ主体だったということは、現在では、かなり古代史学界の共通認識となってきた。

問題は、女性首長と軍事との関わりをどうみるか、という点である。今井氏は、武具を副葬する例から「軍事・生産を掌握した女性首長」がいたとする。しかしこれに対しては、殺傷人骨は（女性もあるものの）男性が圧倒的に多いこと、女性に甲冑を副葬する例はないことなどから、異論もある。考古資料からみて、「女性兵士が存在しないこと、首長層においても女性が軍事権を有していなかった」（清家章「弥生・古墳時代の女性と戦争」）、「戦場で実戦指揮の先頭に女性が立って戦った可能性は、やはり乏しい」（寺沢知子「権力と女性」）といった主張がなされている。また一方では、「女性首長の武装は、男性首長の場合と同じく、象徴的意味合いを強く持つ」、「（南九州に分布する地下式横穴墓の武器副葬例は）実戦的戦闘員としての女性の存在を示唆する」との指摘もある（北郷泰道「武装した女性たち」）。

考古資料を総合していえることは、兵士は一般的には男性だったらしいが女性もいた、甲冑を身につけての陣頭指揮は男性首長が担っていたらしいが武器を副葬する女性首長も存在した、ということだろう。そのことと、伝承の中にうかがえる戦う女性首長像とを、全体としてどう考えたらよいのだろう。さらに考察をすすめていこう。その際に、心にとどめておくべきことを、一つ例をあげて述べておきたい。

アマテラスの〝男装〟といわれるものがある。弟のスサノオ（ヲ）が姉のいる天上世界に猛々しく上ってきた時、アマテラスは髪を結い上げ、裳《も》をしばって袴のようにし、玉飾りを髪や腕にまき、矢を背負い、腕には防具をつけ、弓を振りかざしてスサノオを迎えた。

この場面を、『日本書紀』は次のように描いている（神代上第六段）。

乃ち髪《みぐし》を結《あ》げて髻《みずら》になし、裳《も》を縛《ひ》きまつりて袴《はかま》になして、便《すなわ》ち八坂瓊《やさかに》の五百箇《いおつ》の御統《みすまる》を以《も》て、その髻鬘《みいなだき》および腕《たぶさ》に纏《まきつ》け、また背《そびら》に千箭《ちのり》の靫《ゆき》と五百箭《いおのり》の靫《ゆき》とを負《お》い、臂《ただむき》には稜威《いつ》の高鞆《たかとも》を著《は》き、弓彇《ゆはず》振《ふ》り起《た》て、剣柄《たかび》急握《とりしば》りて……

同じ場面が第一の一書では、「乃《すなわ》ち大夫《ますらお》の武《たけ》き備《そなえ》を設《もう》けたまう。躬《みみ》に十握剣《とつかのつるぎ》・九握剣《ここのつかのつるぎ》・八握剣《やつかのつるぎ》を帯《は》き、また背上《そびら》に靫《ゆき》を負《お》い、また臂《ただむき》に稜威《いつ》の高鞆《たかとも》を著《は》き、手《て》に弓箭《ゆみや》を捉《と》りたまいて、親《みずか》ら迎《むか》えて防禦《ふせ》きたまう」とされ、第二の一書には簡単に「兵《いくさ》を起《お》こして詰問《と》いたまい」とある。『古事記』は、書紀本文とほとんど同じである。

ここに描かれているのは、はたして〝男装〟だろうか、〝武装〟だろうか。戦いの時には戦い（「兵を起こす」）にふさわしい装いが男女ともにもとめられる。それを〝男装〟と称することが可能なのは、その前提として〝戦士＝男〟が規範として成立しているからである。

もう一人、〝男装〟で陣頭指揮したとされる女性がいる。神功皇后《じんぐう》である。新羅《しらき》征西にあたってのその装いは、『日本書紀』に次のように記されている（神功皇后摂政前紀）。

皇后《きさき》、便ち《すなわ》髪《みぐし》を結分《あ》げたまいて、髻《みずら》にしたまう。……「吾婦女《われたおやめ》にして、加以《また》不肖《おさな》し。然《しか》れども暫《しばら》く男《ますらお》の貌《すがた》を仮《か》りて、強《あながち》に雄《おお》しき略《はかりこと》を起《おこ》さん。……」

一書ではより簡潔に「則《すなわ》ち皇后《きさき》、男《ますらお》の束装《よそい》して新羅《しらき》を征《う》ちたまう」とある（神功皇后の造型の全体については、終章参照）。

ここでは、〝武装〟することを称して、はっきりと〝男装〟（「男の貌」「男の束装」）といっている。しかもそれは、「吾婦女《われたおやめ》にして……」という女性観と一体で言われているのである。さきのアマテラスの描写と比べると、より明確な性別規範が背景にあることが読み取れよう。書物としての『日本書紀』『古事記』が作られた七世紀末から八世紀前半は、律令軍制による〝戦士＝男〟の規範の制度的確立過程だった（第四章参照）。そのことを念頭において考えると、逆に、アマテラスの出で立ちが〝男装〟とはいわれていないこと、攻め上ってくると思われた敵（ここでは弟）を、〝武装〟して迎え撃つ物語であることが、注目される。史料から〝女を読む〟には、細心の注意が必要なのである。

4　隼人の男女

†隼人の制圧と『風土記』

　第1節「土蜘蛛の戦い」のところで述べたように、『風土記』の編纂された八世紀前半から半ばには、朝廷からみた西の辺境である九州で、隼人《はやと》制圧の戦いが最後のクライマックスを迎えていた。

　隼人は南九州の住人で、ながらく朝廷に従おうとしなかった人々をさす。『日本書紀』では、神代《かみよ》巻の海幸山幸《うみさちやまさち》の話の中で隼人服属の由来が語られているが、実際に隼人が朝廷の支配下にしっかりと組み込まれたのは、それほど古いことではない。『古事記』では海幸＝火照命《ほでりのみこと》に「此は隼人《はやと》阿多君《あたのきみ》の祖」という注記があるだけで、海幸山幸伝承と隼人との結びつきは『書紀』ほど露わではない。ここからみても、服属譚の神話化はかなり新しいことであるらしい。隼人の朝廷での奉仕や制圧記事が集中してあらわれるようになるのは、七世紀末ごろからである。その隼人の首長たちの中にも女がいた。

　天武朝から持統朝にかけて、『書紀』に隼人たちの朝貢や奉仕・褒賞の記事がいくつか見られる。

・天武十一（六八二）年七月甲午
隼人《はやひと》、多《さわ》に来て、方物《くにつもの》を貢《もうき》れり。この日に大隅《おおすみ》の隼人と阿多《あた》の隼人と、朝廷《みかど》に相撲《すまいと》る。
大隅の隼人勝《か》ちぬ。

・朱鳥元（六八六）年九月丙寅
（天武天皇の殯《もがり》で）……次に大隅《おおすみ》・阿多《あた》の隼人《はやひと》、および倭《やまと》・河内《こうち》の馬飼部造《うまかいべのみやつこ》、各《おのおの》
誄《しのびことたてまつ》る。

・持統元（六八七）年五月乙酉
（同じく）……ここに、隼人《はやひと》の大隅《おおすみ》・阿多《あた》の魁帥《ひとごのかみ》、各己《おの》が衆《ともがら》を領《ひき》いて、互《たがい》に進《すす》みて
誄《しのびことたてまつ》る。

・持統元年七月辛未
隼人の大隅・阿多の魁帥等《ひとごのかみら》、三百三十七人《みおあまりみそあまりななたり》に賞賜《ものたま》う。各差《しな》有り。

・持統三（六八九）年正月壬戌
筑紫大宰《つくしのおおみこともち》粟田真人朝臣《あわたのまひとのあそみ》等、隼人一百七十四人《はやひともももあまりななそあまりよたり》、幷《あわせ》て布五十《いそ》常《きだ》、牛皮六枚《うしのかわむはだ》、鹿皮五十枚《ししのかわいそはだ》を献る。

大隅は現在の鹿児島県東部、阿多は西部の地域名である。服属した隼人たちは、首長（魁帥《ひとごのかみ》）に率いられて都にやって来て、天皇の殯《もがり》の場で誄《しのびごと》の言葉を奏上した。おそらくこの誄の中で、服属由来譚が語られたのであろう。奉仕した隼人たちには、褒美の賜物がなされた。ここに「魁帥等」と記された「三百三十七人」や、粟田真人によって牛皮・鹿皮とともに献上された「一百七十四人」の隼人は、全員が男だったのだろうか？

七世紀末には、中央集権の国・郡体制の確立とともに、四方へ向けての領域の拡張・国域画定が図られる。文武《もんむ》二（六九八）年四月には覓国《くにまぎ》の使いが南西諸島（現在の奄美・沖縄等）に派遣された。朝廷の支配下に入ることをすすめる使者である。大隅・阿多の隼人の制圧が一応実現し、さらに南西への使者の派遣がなされたのであろう。しかし、隼人たちは一方的に制圧されるままになっていたわけではない。『続日本紀《しょくにほんぎ》』によると、文武四（七〇〇）年、隼人が覓国使を武器で脅すという事件があり、六人の首謀者が罰せられた。

六月庚辰《かのえたつ》、薩末比売《さつまのひめ》・久売《くめ》・波豆《はず》、衣評督《えのこおりのかみ》衣君県《えのきみあがた》、助督《すけ》衣君弖自美《えのきみてじみ》、また肝衝難波《きもつきのなにわ》、肥人等《くまひとども》を従えて、兵《つわもの》を持ちて覓国使《くにまぎのつかい》刑部真木《おさかべのまき》らを剽劫《おびやか》す。ここに竺志惣領《つくしのそうりょう》に勅《みことのり》して、犯《ぼん》に准《なずら》えて決罰《けつばつ》せしめたまう。

薩末は薩摩国薩摩郡、衣評《えのこおり》は同穎娃《えい》郡、肝衡《きもつき》は大隅国肝属郡にあたり、いずれも九州南部の地名である。クマヒトは「土蜘蛛」伝承にもしばしば登場したクマソ（熊襲）の「クマ」に相当する人々をさしているのであろう。はじめに記された三人は、薩末比売《さつまのひめ》・久《く》米《め》・波豆《はず》という名前からみて、女のようだ。男には、「衣君《えのきみ》」という姓と、「評督《こおりのかみ》・助督《すけ》」という新しい国郡体制のもとでの地方支配権を示す肩書きがあるが、女たちにはそれがない。六人の名前を列挙して「兵を持ちて……剽劫《おびやか》す」とあることからもわかるように、隼人社会での伝統的な首長には男も女もいて、武力指揮をしていた。こうした記事の通常の書き方から判断して、筆頭に書かれた薩末比売が乱の首謀者らしい。しかし同時にここからは、男は新たに浸透してきた朝廷の支配体制の中でも公的地位を得ているのに対し、女はそこには組み込まれていない、という違いもみてとれる。ともあれ、一旦は体制内に組み込まれた男も含めて、このときは男女の首長が配下の人々を率いて朝廷への反抗を試みたのである。

このあとも軍事衝突をくり返しながら、薩摩国・大隅国が建置され、服属した隼人が上京して朝廷の警固・風俗歌舞《ふうぞくかぶ》に奉仕する体制も整えられていくが、養老四（七二〇）年二月、ついに大反乱が起こる。朝廷は大伴旅人《おおとものたびと》を征隼人持節大将軍《せいはやとじせつたいしょうぐん》に任命し、一万人以上の規模の兵士を派遣して、ようやく平定に成功する。養老五（七二一）年七月に帰京した征隼人副将軍の笠御室《かさのみむろ》らは、「斬《き》りし首《くび》・獲《え》し虜合《とりこあわ》せて千四百余人」を差し出した。

以後、大規模な反乱はあとを絶ち、服属した隼人は首長に率いられて定期的に都にやってきて、調物《ちょうもつ》を差し出し、天皇の前で風俗歌舞を演じ、統率者には位が授けられた。この中にも女の名前がみえる。

・天平元（七二九）年七月
己酉、大隅《おおすみ》の隼人《はやひと》ら、調物を貢《たてまつ》る。辛亥、大隅の隼人、姶孋《あいら》郡少領《しょうりょう》外従七位下《げのじゅしちいのげ》勲《くん》七等加志君《かしの》和多利《わたり》、外従七位上《げのじゅしちいのじょう》佐須岐君《さすきの》夜麻等《やまと》久々売《くくめ》に並びに外従五位下《げのじゅごいのげ》を授《さず》く。

・天平十五（七四三）年七月
庚子、天皇《すめらみこと》、石原宮《いしはらのみや》に御《おわ》しまして、饗《みあえ》を隼人《はやひと》らに賜《たま》う。……外従五位下曾乃《その》君多利志《たりし》佐《さ》に外正五位上。外正六位上前君《さきの》乎佐《おさ》に外従五位下。外従五位上佐須岐君《さすきの》夜麻等《やまと》久々売《くくめ》に外正五位下。

ここでは女の首長も「佐須岐君《さすきの》」という姓をもち、朝廷の支配秩序がさらに浸透していることをうかがわせるが、やはり、男は郡の「少領」の地位にあるのに、女には位だけで官職はない。しかし、もとの位からいうと夜麻等久々売《やまとくくめ》は一ランク高く、かなり有力な首長の一人らしい。こうしてみてくると、養老七（七二三）年の入朝のように、個人名がなくて「饗《みあえ》を隼人に賜《たま》う。各《おのおの》その風俗《ふうぞく》の歌舞《かぶ》を奏《つかえまつ》る。酋帥《しゅうすい》卅四人に位を叙し禄を賜う」（五月甲申条）とある場合にも、この三十四人の「酋帥《ひとごのかみ》」（首長）には女も何人か含まれていたとみてよいだろう。

『風土記』の選進が諸国に命じられたのは和銅六（七一三）年で、豊後・肥前の二国の風土記の編纂は、天平年間の前半ごろ（七三〇年代）とされている。制圧に抵抗する隼人との大規模な武力衝突がようやく終わりをつげたころである。天平十二（七四〇）年には大宰府を拠点とした藤原広嗣の乱があり、朝廷側から派遣された隼人軍と、広嗣側に組織された隼人軍とが、前線で向かい合う場面もあった。この時、朝廷は一万七千余の兵を派遣し、広嗣が斬殺されるまで、九州北部一帯で激しい戦闘が繰り広げられたのである。『風土記』にみえる、逆らう者を皆殺しにする荒々しい描写には、現実の身近な戦闘で見聞きしたこととの投影もあるのだろう。養老四（七二〇）年の大反乱の戦勝報告にみえる「斬《き》りし首《くび》・獲《え》し虜《とりこ》、あわせて千四百余人」の中にも、女はいたのではないか。女性首長の存在と彼女たちの戦いは、九州の現地においては、古墳時代から奈良時代にいたるまで普通のことだった、と私には思えてならない。

†隼人の女性首長は巫女か

古代の史書に記録された薩末比売や佐須岐君夜麻等久々売《さすきのやまとくくめ》など、隼人の女性首長とみられる人々は、これまでどう理解されてきたのだろうか。いくつか代表的なものをみてみると、

・「薩末の比売は、その名から判断して薩摩国薩摩郡の豪族であろう。しかも、比売や久売などと女性の名であるところを見ると、やはり巫女《みこ》的な指導者であった可能性が強い。隼人の呪能にすぐれた女性＝巫女が、しだいに強化される隼人支配に危機感を高めていったのが、この事件の発端であったろう。このような巫女的な指導者のもとに、はせさんじたのが衣評《えのこおり》（穎娃《えい》郡）の郡司層であった。」（井上辰雄『熊襲と隼人』）

・「比売にかぎらず、この三名はともに女首長層であり、巫女とみられるが、それは単独でなく、巫女集団であり、宗教的権威によって立つ政治的権力グループともみなされる。……佐須岐君夜麻等久久売は君姓を有し、その位階は少領を上まわっていたことからすると、やはり大隅隼人の中では有力な首長層の一人といえよう。」

（中村明蔵『隼人の研究』）

とあって、隼人を率いる有力な土豪であり、他の男性首長たちをも率いた有力者・首謀

者とみながら、それは巫女としての権威・呪能によるとみなしている。

代表的な注釈書である新日本古典文学大系『続日本紀』の解説をみると、文武四年六月の記事については、「比売・久売・波豆は人名。薩末は薩摩で、薩摩国薩摩郡の隼人の土豪の姓か」となっている。同じ記事の肝衡難波《きもつきのなにわ》について、「のちの大隅国に肝属郡があり、その地方の隼人の土豪か」とすることと対比すると、比売たちについては「土豪である」と明言することをさけた、微妙な言い回しであることがわかる。夜麻等久々売については、天平元年七月の記事では「佐須岐は大隅半島南部の地名か」とするだけだが、天平十五年七月の叙位記事では、曾乃《その》君多利志佐《たりしさ》・前《さきの》君乎佐《おさ》・佐須岐《さすきの》君夜麻等久々売《やまとくくめ》について、姓と共通する現地地名の所在を記した上で、「この三人の隼人は高千穂峯の近くと種子島の隼人の長と大隅半島南部の隼人の長の女《むすめ》」だとしている。男性名の二人はその姓と共通する地域の首長だったとするのに対して、女性名の久々売については同じくある地域名を名乗っているのに、それは「長の女」だとされるのである。

記事の書き方からは明らかに反乱の首謀者と推定でき、位も高い有力者であるのに、なぜ、さしたる検証を経ることもなく、巫女的首長あるいは首長の女としてしまうのだろう。〝政治・軍事の統率者に女がいるはずはないのだから、古代にそれがいたとすれば何か特殊な事情があったに違いない、巫女だったのだろう〟という、私たちのこれまでの推論のしかたを、根本的に考え直す必要を痛感する。

†海幸山幸神話と隼人男女の奉仕

『日本書紀』『古事記』では神代《かみよ》の海幸山幸《うみさちやまさち》の話の最後に、負けた海幸が山幸（天皇の祖）に、これからは種々の所作《しょさ》と狗《いぬ》の吠《ほ》え声で身辺に奉仕しつづけることを誓った、その子孫が隼人たちである、という服属の由来譚《ゆらいたん》がある。

「火酢芹命《ほのすせりのみこと》の苗裔《のち》、諸《もろもろ》の隼人等《はやひとたち》、今に至るまでに天皇《すめらみこと》の宮牆《みかき》の傍《もと》を離《はな》れずして、代《よよ》に吠《ほ》ゆる狗《いぬ》して奉事《つかえまつ》る者《もの》なり」（『日本書紀』神代下第十段一書第二）とされた隼人たちは、交替で都へ送られ、元日朝賀《がんじつちょうが》などの重要な儀式の場で、実際に狗の吠え声を発せさせられた。大《おお》衣《きぬ》二人に率いられた番上隼人《ばんじょうのはやと》・今来隼人《いまきのはやと》・白丁隼人《はくちょうのはやと》の計百七十人が、馬の毛を編みつけ呪的文様を描いた楯《たて》と槍を持って応天門の外に陣取り、官人たちが儀式の場に入ってくると、胡床《あぐら》の座から立ち上がって「吠声三節」を発する。大横布衫に布袴、緋帛の肩布《ひれ》に横刀、白赤木綿の耳形鬘という異様な出で立ちである。これらの衣装・用具は官給品である。畿内に定住させられた隼人も含めて、隼人にはさまざまな種類があり、竹製品の製作や歌舞奏上も行ったが、吠え声を発するのは、六年ごとに上京する「今来隼人」の役目だった。

「隼人の楯」の実物が、平城宮址《へいじょうぐうし》から発見されている。隼人たちは天皇の行幸にも従った。

天皇の乗り物が国の堺や山川道路の曲がり角などにさしかかると、「今来隼人」が吠え声を発し、呪的な守護を行った。『日本書紀』の海幸山幸の話は、こうした隼人の役割の由来が、あたかも悠久の昔からのことであるかのように語っているのだ。

海幸山幸の話からも、楯をもって吠え声を発する等の役目からみても、隼人は男だけと思いがちだが、隼人司に属する雑色《ぞうしき》隼人の定員は男女同数（『類聚三代格』巻四、延暦二十四年十一月十日太政官謹奏）である。また、もっぱら吠声で奉仕する「今来隼人」にも男と女がいた。『延喜式』（巻第二十八兵部省隼人司）には、今来隼人の男女に対する、時服・塩等の支給が規定されている。時服というのは、季節ごとに給与として与えられる衣服のことである。男にも女にも、衣服の材料として絹・布と履物用の布、縫糸が年に二回、食料として黒米・塩が毎月支給され、布衾（寝具）用の布・綿や座設具としての「席《むしろ》・薦《こも》・折薦」も三年に一回与えられた。反乱を率いた首長や、調物をもって上京した首長に女がいたことは、すでに史料でみた通りだが、率いられて種々の服属儀礼に奉仕した隼人集団も、男女からなっていたのである。

＊　＊　＊　＊

『風土記』の「土蜘蛛」伝承にわずかに残映をとどめる、滅ぼされた東西の辺境の首長たち、牧歌的な物語のなかで、求婚・国占め・水争いなどの様相を伝えてくれる播磨風土記の女神・男神たち、古墳に葬られた人骨の性別と副葬品が語るもの、八世紀にいたるまで戦いつづけた隼人の反乱記事と服属儀礼の中にみる男女。さまざまな角度から、国家形成期の地方勢力のありかたを見、そこに男女の首長がいたことを確認してきた。だが、そうした女性首長の役割を「巫女」に限定する見方は根強い。いちいち引用して言及することはしなかったが、女性首長たちの「巫女性」を説く議論の中で、例外なく引き合いに出されるのが、邪馬台国のヒミコと男弟の関係なのである。はたしてヒミコと男弟の「聖俗」分担は、それほどまでに自明のことだろうか。次章で詳しくみていこう。

第二章
『魏志』倭人伝の〝女〟を読む

弥生土器に線刻で描かれた高層の宮殿。環濠集落跡（奈良県唐《から》古《こ》鍵《かぎ》遺跡）から出土。卑弥呼の「宮室」「楼観」もこういうものだったのだろうか。〔写真提供：田原本町教育委員会〕

ではいよいよ、『魏志』倭人伝を読んでいこう。正確には、『三国志』魏書東夷伝倭人条だが、通称にしたがって『魏志』倭人伝と記すことにする。焦点となるキーワードは「会同」「下戸或二三婦」「佐治」「少有見者」「男子一人」などである。「はじめに」でも述べたように、横から——倭人伝に描かれたヒミコ以外の女たちの状況——と、縦から——のちの時代の豊富な史料から確認できること——の、複眼的視点にたって、一つ一つ検討していきたい。

なお以下の文では、狭義の邪馬台国だけではなく、それを中心に連合した諸国全体、いわゆる邪馬台国連合全体も邪馬台国の語で記すこととする。ヒミコからの遣使を受けた中国の魏は、この連合体を、それ以前から断続的に中国王朝への朝貢のあった〝倭〟国の後身と認め、卑弥呼を「親魏倭王」とした。これによって、ヒミコは「倭王卑弥呼」となった。倭人伝も、朝献記事の前までは「女王」、以後は「倭女王」「倭女王卑弥呼」と書き分けている。しかしこれは魏の側の認識であって、その当時に倭国の実態がどのようなものとしてあったのか、あるいはなかったのかは、まだ不明としておくべきだろう。

1　会同する男女

其の会同《かいどう》の坐起《ざき》には、父子、男女の別無し。人の性、酒を嗜《たしな》む。魏略《ぎりゃく》に曰く、其の俗、正歳四節《せいさいしせつ》を知らず、但《ただ》、春耕秋収を計《はか》りて、年紀と為す。大人《たいじん》の敬《うやま》われる所を見るに、但《ただ》、手を搏《う》ち、以て跪拝《きはい》に当《あ》つ。其の人は寿考にして、或いは百年、或いは八、九十年なり。

訳　集会では、座席の順序や立ち居ふるまいに、父子や男女による区別はない。人々は、生来、酒を好む。〔魏略によると、倭の人々は正月と四季による年の数え方をしらず、ただ春の耕作と秋の収穫によって年を数えている〕。大人が敬われるようすを見ると、ただ手を打ち合わせて、膝をついて拝礼するかわりとしている。人々は長生きで、あるいは百歳、あるいは八、九十歳である。

倭人伝の記述は、全体として、Ⅰ帯方郡からの行程・距離、Ⅱ習俗・自然・慣習法、Ⅲ邪馬台国を中心とする統治体制、Ⅳ外交関係、の四部分に分けることができ、最後に卑弥呼の死とその後継者のことが記される。「会同」をめぐる記事は、そのうちの習俗関係記事の一つである。

†会同とは何か

「会同」については、これまで特に大きな注目を集めてはこなかった。酒についての記述とひと続きになっていることもあって、酒宴の場での〝無礼講〟的なイメージが強いのかもしれない。実際、そのように書いている研究書もある。しかし、そもそも古代においては、酒は神祭りの場での神聖な飲み物である。そして、神祭りの場は同時に政治の場でもあった。はるかのちの平安時代でも、朝廷における政務と酒宴は一体のものとして儀礼化されている。ここに「酒」が出てくることは、むしろこの「会同」がただの宴会ではないことを示唆する。

ちなみに「会同」の一般的意味は、「人々がある目的のために一か所に寄り合うこと」であり、軍隊の作戦会議も「会同」と呼ばれた（『日本国語大辞典』）。「会同」の語を『大漢和辞典』でひいてみると、古い時代の用例として「周代の制で、諸侯が天子に拝謁すること。会は臨時の参朝、同は衆諸侯の参集。又、諸侯の会盟をいふ。来朝。朝覲」とある。「会盟」は諸侯が一同に会して同盟を結ぶ場である。「会同」は時にはそれと同義語として使われることもあるような、政治的に重要な集まりを意味する語だったことがわかる。

ただし、周代といえば紀元前数世紀のことである。時代がくだるにつれ「会同」は通常の集まり、つまり会合を意味するようになる。邪馬台国の「会同」を考えるには、『魏志』の用例を見るべきだろう。データベース（中央研究院漢籍全文資料庫）で検索すると、『魏志』には「会同」の用例が八例あり、政治的会合、皇帝と臣下の宴会などをさしている。そのうちの三例が東夷伝にあり、夫余《ふよ》と高句麗の各一例、そして倭人伝である。夫余伝には「正式の儀礼用食器で飲食し、「会同」での酒のやりとりや立ち居振る舞いは立派である」、高句麗伝には「「会同」での立ち居振る舞いにおいては、王の任命した官と臣下の任じた官とは、同列にできない」とあって、やはり儀礼的集会の場であることがわかる。

八例の中でも、ただの「会同」ではなく「会同坐起」の四文字の用例がみられるのは高句麗と倭だけである。高句麗伝の記述をもう少し詳しくみてみよう。

其《そ》の国に王有り。其の官には、相加《そうか》・対盧《たいろ》・沛者《はいしゃ》・古雛加《こすか》・主簿《しゅぼ》・優台丞《ゆうたいじょう》・使者《ししゃ》・皁《そう》衣《い》・先人《せんじん》有りて尊卑各〻《おのおの》等級有り。……諸〻《もろもろ》の大加《たいか》も亦《ま》た自《みずか》ら使者・皁衣・先人を置く。名は皆《みな》王に達するは、卿大夫《けいたいふ》の家臣の如《ごと》し。**会同**にて**坐起**するときは、王家の使者・皁衣・先人と同列なることを得ず。

訳 国には王がいる。役人には相加から先人まであり、上下の等級がある。……貴族たちも、自分たちで使者・皁衣・先人の官職をもうけている。その名前を王に届け出ることは、（中国における）卿大夫の家臣と同様である。（こうした陪臣たちは）集会で同席する時に、王家の使者・皁衣・先人と同列になることはできない。

高句麗伝の「会同坐起」記事は、王と臣下の身分序列、各官職についての詳細な記述の中にあり、王が任命した役人と、貴族たちが任命した役人とは「会同」の場での坐順や振る舞いにはっきりと差がある、ということをいっているのである。

それに対して倭人伝では、「会同」の場に女も男と全く同様に参加し、「父子」の間でも、「男女」の間でも、そこでの着席順や行動のしかたに違いがないという。『魏志』を参照して書かれた『後漢書』倭伝では、ただ「会同に男女別なし」とあって「父子」の語がないが、「男女」の参加は明記されている。中国の史書編纂者にとって、女も参加する倭人社会の集会は強い印象があったのだろう。高句麗伝に「男女」の字句がないのは、そうした政治的儀礼的場に男だけが参加するのは、中国史家にとっては当たり前なので書かれないのである。ここから見ても、高句麗と倭では、「会同」の構成と質がかなり異なることがわかる。

倭人伝では、「人性嗜酒」につづけて、「魏略」からの引用が注記されている。その内容をみると、〝正月・四季による一年の区切りをしらず、春にはじまり秋におわる農耕のサイクルで年を数える〟とあって、ここになぜ暦の話が突然に出てくるのか、文章の流れとしては一見するとつながらないようにみえる。倭人伝と「魏略」との前後関係については、倭人伝が「魏略」を参照したのか、両者が共通の原史料を参照したのか、さまざまな議論があるが、ここでは立ち入らない。どちらにしても、『魏志』と「魏略」がごく密接な関係にあることは間違いない。現在、私たちが普通に見る『魏志』倭人伝は、五世紀前半の裴松之《はいしょうし》が付けた注記を含んでいる。裴松之は、「魏略」と倭人伝の記事を見比べつつ、倭人伝が採用しなかった「魏略」の記事のうち必要と思われる部分を、本来の箇所に補い注記したのだろう。つまり、この注記の置かれ方からみて、倭人の「会同」とは、農耕のサイクルである「春耕秋収」の儀礼と密接な関係がある、「酒」がつきものの集会だった、と推定されるのである。

†奈良時代の村の集会と男女

春と秋の年二回行われる農耕儀礼で、「酒」がともなって、「男女」が参加する集会ときいて、古代史研究者ならただちに思い浮かべるのは、奈良時代の村の集会について述べた春時祭田《しゅんじさいでん》条の注釈の一節であろう。ただし、倭人伝の「会同」記事と春時祭田条とを関連づけて具体的に考察した研究は、ごく少ない。前田晴人氏は、これを春時祭田と同様の稲作農耕に関わる春秋の宗教行事であるとして、稲束分与や初穂貢上などが行われたとする独自の説を展開しているが（「倭人社会と国邑の祭祀」）、「男女」の参加が何を意味するのかという問題には特にふれていない。

祭田《さいでん》の日、飲食を設備し幷《あわ》せて人別《ひとごと》に食を設く。男女悉《ことごと》く集まり、国家の法を告げ知らしめ訖《おわ》る。即ち、歯《し》を以て坐《ざ》に居し、子弟《してい》等を以て膳部《かしわで》に充《あ》て、飲食を供給《きょうきゅう》す。春《しゅん》秋二時《じゅうにじ》の祭りなり。此を尊長養老《そんちょうようろう》の道と称《い》うなり。

これは、毎年春と秋に行われた村の神祭りの集会について述べた、八世紀前半の法律注釈書「古記《こき》」（『令集解《りようのしゆうげ》』儀制令春時祭田条《ぎせいしゆんじさいでん》）の一節である。春時祭田条という法令そのものは、中国の伝統的儀礼である「郷飲酒礼《ごういんしゆらい》」のひき写しだが、「古記」の注釈は、奈良時代の日本の村の神祭りを具体的に述べたものとして、史料的評価が高い。古代の村のしくみについて考えるときの第一級史料である。それによると、神祭りの場には村の男女全員が集まり、その場で「国家法」が告げられ、ひきつづいて年齢順に（「歯を以て」）坐り、年少者が給仕をして宴会が行われた。春は農作業を始めるにあたって豊かな稔りを願う祭り、秋は収穫を感謝する祭りである。

ここで注目されるのは、「男女悉集」の一句である。ここには、中世後期以降の村の祭りや集会とは異なって、女性排除や身分序列がみられない。それは、男性が支配する家族・村のしくみが、古代においてはまだできあがっていないことを示している（関口裕子「日本古代の家族形態と女性の地位」）。

「飲食」を設備し……人別に「食」を設く、とあることにも注意して欲しい。祭りの当日には、酒と食べ物を神前に供え、同時にあとの宴会用の食膳も用意しておくのだが、「酒」はその席には用意しない。なぜなら、「酒」は大きな甕で神に供えたあと、それを神前から下ろしてきて、皆で回し飲みするからである。それによって祭りに参加した人々は、神の恵みを身体に取り入れ、そのあとの農作業の日々に協力して取り組むことができた。そのような場で「国家法」が告げられたのである。

「国家法」が何をさすのかはこれだけではわからないが、ごく最近、九世紀半ばの〝お触れ書き〟と見られる木簡が石川県から出土して、少し具体的な中身がわかってきた。八カ条からなる〝お触れ書き〟は、百姓が農業に励むようにさまざまな心得を説いたもので、その中で「意に任せて魚酒を喫《くら》うを禁制する」（勝手に魚酒を食べさせてはいけない）ということがいわれている（平川南監修・石川県埋蔵文化財センター編『発見！　古代のお触れ書き』)。当時は、有力者が酒と御馳走を見返りに労働力をかきあつめて大規模な農業経営を行い、その一方で貧しいものは農繁期に必要な人手も得られない、ということが大きな社会問題になっていた。「魚酒」が労働力を集める手段になるのは、もともと村の神祭り後の宴会で、人々が「魚酒」をともに味わい共同の農作業に向けて心を一つにする、という伝統があったからである。八、九世紀には、そうした伝統を踏み台に有力者が私経営を展開し、階層分化が激しくなる。この変化の中で、「酒」はいわば営農資本の意味を持つようになるのである。

このころ、造酒作業の現場でも、その酒を高利で貸し付けて増やす営利活動でも、田植えなどの農耕労働の指揮統率でも、有力者層の女性が積極的な役割を果たしていたことが、説話や木簡からわかっている(義江明子『日本古代の祭祀と女性』)。村祭りの場で人々に告げられた「国家法」がこの〝お触れ書き〟のような内容のものだったとすれば、そこに「男女が悉く集まる」のはごく自然のことといえよう。農耕作業に男女が重要な働きをし、春耕秋収の祭りと集会にも男女が並んで参加するという伝統は、三世紀から八世紀まで一貫して存在していたのだ。

もちろん、こうした集会の政治的意義は、この間に大きく変化している。律令国家体制が確立し政治権力が上部に集中した奈良時代(八世紀)にあっては、村の神祭りは「国家の法」を〝お触れ〟として村長から説き聞かせられる場にすぎなかった。しかし、小さなクニがいくつか連合して一つのまとまりをもった政治権力を生み出しはじめたばかりの邪馬台国の時代（三世紀）には、「会同」はもっと重い政治的機能を持っていたはずである。そしてそこに〝女〟はいたのである。

†二つの礼法にみる身分差

「会同」の記事の後半をみると、そこには「大人《たいじん》の敬われるところを見るに、但、手を搏《う》ち、以て跪拝《きはい》に当つ」とある。「会同」の場では、「大人」に対する敬意の表し方として「搏手」をし、それで「跪拝」の代わりとする、というのである。『魏志』の韓伝にも「（習俗として制度が整っておらず……）跪拝の礼無し」との記述がみえる。膝を折って半立ちし、両手で相手を拝したり物を差し上げたりするというのが、中国における丁寧な礼法としての「跪拝の礼」であり、そうした「中国流の跪礼が三世紀の南朝鮮や倭に認められないことへの驚きや蔑視」が『魏志』には述べられている（新川登亀男「小墾田宮の匍匐礼」）。

「以て跪拝に当つ」という書き方からも明らかなように、これは中国流の「跪拝」よりは軽い所作として記述されている。「単に両手を打ちあわせるだけなのは、倭の「大人」が、一般民衆と隔絶した地位にいなかったことを暗示している」（佐伯有清『魏志倭人伝を読む』下）のである。「両手を打ちあわせて拝する」という所作は、倭国の伝統的な拝礼方式であったらしく、唐初に著された『経典釈文《けいてんしやくもん》』の中には、「今の倭人、拝するに、両手を以て相撃《あいう》つ。……蓋《けだ》し古《いにしえ》の作法なり」とある。

邪馬台国の社会は、大きく「大人」と「下戸《げこ》」とに分かれていた。「会同」の場で「大人」に敬意を表するのが誰かといえば、それは「下戸」ということになろう。ところが、「大人」と「下戸」との間の拝礼作法を記した箇所は、この「会同」記事だけではなく、Ⅲの統治体制に関する叙述の中にもある。同じく「大人」と「下戸」の作法なのに、なぜ二カ所に分けて記されるのか。また、「会同」の記事には、なぜ「下戸」の存在は明記されないのだろうか。

下戸《げこ》、大人《たいじん》と道路に相逢《あいあ》えば、逡巡《しゅんじゅん》して草に入り、辞《じ》を伝えて事《こと》を説くには、或いは蹲《うずくま》り、或いは跪《ひざまず》き、両手は地に拠《よ》り、之《これ》が恭敬《きょうけい》を為《な》す。対応の声を噫《あい》と曰《い》う。比《くら》ぶるに然諾《ぜんだく》の如《ごと》し。

訳 下戸が大人と道で出会った時には、後ずさりして草むらによける。言葉を伝えたり説明をする時には、うずくまったり、膝をついたりして、両手を地面につけ、大人への敬意を表す。答える時には「噫」という。承知いたしました、という意味に似ている。

これによると、「下戸」は「大人」に対しては後ずさりして道ばたによけ、ものを申し上げる時には、うずくまり地面に両手をつかなければならない。この所作は、膝をついて半立ちの姿勢（両手は自由）である中国流の「跪拝の礼」とは異なり、両手を地面からはなさない姿勢である。これはのちに「宮門を出入するには、両手を以て地を押し、両脚は跪く」という、いわゆる「匍匐《ほふく》礼」として推古十二年の朝礼に定められることになる（新川前掲）。一方、「会同」の場では、「手を搏《う》つ」だけというのであるから、つまり「大人」に対する礼は、「辞を伝えて事を説く」場合には、はるかに厳格で身分的隔絶を示すものということになる。ここに示された作法の違いは、「会同」という集会の性格、そして邪馬台国の身分関係の形成状況を知る上で、はなはだ重大であろう。

†邪馬台国の「男女」とヒミコ

倭人伝の統治体制に関する記述は、租税記事からはじまり、女王の使者が監督する市での交易、諸国に対する検察、外交文書の伝送、王の共立、女王ヒミコの政治、辺境諸国の所在等々、邪馬台国を盟主とする連合体制の骨格を示す記事からなっている。つまり、女王ヒミコを戴いて成立した連合諸国の、上下秩序にもとづく最新の統治のしくみが、ここには示されているのである。「大人」と「下戸」の厳しい身分差を示す作法は、その一部をなす。それに対して、「会同」記事は、喪葬、占い、婚姻、慣習法としての刑罰など、社会の基層をなす習俗関係の記述の中にある。「大人」に対する「下戸」の表敬作法は、クニとクニを結ぶ新たな統治秩序の中で行われるようになったものと、古来の習俗として社会内部で行われてきたものとの間で、大きな違いがあったのである。

ここで「辞を伝えて事を説く」場合に用いられた邪馬台国の礼法は、『旧唐書《くとうじょ》』倭国伝が、推古朝の冠位十二階のことにつづけて「其《そ》の訴訟《そしょう》する者は、匍匐《ほふく》して前《すす》む」と記すように、統治の場における礼法として整えられていく。しかし、同じ邪馬台国の礼法であっても、「会同」の場における「大人」に対する作法は、これとは全く性格と歴史的背景が異なる。それが、倭人伝においてこのように二カ所に分けて礼法が記される理由であろう。「会同」は、現実にはすでに「大人」主導であったかもしれないが、「下戸」も参加する集会の場だった。より正確にいうならば、「大人」「下戸」という身分別とは異質の、リーダー層としての「大人」が全体から区別されるだけの集会の様子が、ここには表されているのではないか。それが、「下戸」と明記しない理由であり、「下戸」身分には入らないようなものも参加していた可能性があろう。「会同」は、新たな統治体制のもとでの身分序列とは異質の、身分の区別の厳密な表示を必要としない、旧来の共同体的性格を濃厚に残す集会だったと推定されるのである。

そうした共同体的集会の場で、着席順やふるまいに「父子男女」で区別が無かった、というのである。さきに見たように、高句麗では「会同坐起」においても、王を頂点とする統治体制上の厳密な身分序列が貫かれていた。邪馬台国とは、大きな違いのあることがよくわかる。邪馬台国は、新しく形成されつつある政治的身分秩序・統治体制と、伝統的な共同体原理の並存する社会だった。史料の読み直しによる〝女の発見〟は、社会全体の特質の見直しへとつながるのだ。女王ヒミコの統治も、こうした二重性を基礎に理解するべきだろう。彼女は、男女区別なく政治に参加する社会のありようを前提として、クニグニの連合体の〝王〟に共立され、たくみな外交によって中国から「親魏倭王」の称号を得、新たな統治体制の創出に大きな役割をはたしたのである。

2　一夫多妻の真実

其の俗、国の大人《たいじん》は皆《みな》、四、五婦。下戸《げこ》も或いは二、三婦。婦人、淫《みだ》れず。妒忌《とき》せず。

訳　習俗として、上層の者にはみな、四、五人の妻があり、下層の者も、時には二、三人の妻を持つ。婦人は淫らではなく、嫉妬しない。

倭人伝の中でも、よく知られた一節である。第1節で検討した「会同」記事につづいて記されている。これを文字通りに受け取れば、邪馬台国は一夫多妻の社会だったことになろう。これまで、「会同」の重要性と、そこに「父子男女無別」とあることに注目した研究者が、皆無だったわけではない。だがその場合でも、たとえば「家族制度は多妻制で、大人は四五婦、下戸も時には二三婦を持つが、婦人は淫せず妬忌《ママ》しない。父母兄弟は臥息、処を異にするが、会同座起に於ては父子男女の別はない。これは多妻が特権の表示として認められてゐるに拘らず、女子の公的地位が決して低くなかつたことを示す」（和辻哲郎『新稿日本古代文化』）というように、一夫多妻のイメージとの統一に混乱があり、問題が深められることはなかった。だが実は、この〝多妻〟には裏面がある。

†嫉妬しない妻たち

普通、一夫多妻の社会というのは、身分の高い男が多くの妻を持つ一方で、結婚できない、妻を持てない下層の男が他方に大勢いて、はじめて成り立つものである。男女の自然出生数は、どの時代でもどの社会でもほぼ同数だから、これは当然のことだろう。ところが倭人の社会では、「大人」は全員が四、五人、「下戸」も時には二、三人の妻を持っていたという。これでは計算が合わない。妻にするべき女の数が、不足してしまう。

中国の史書編纂者もおなじ疑問をもったらしい。倭人に関する中国史書の記述は、先行する史書の記載を参照しながら、それを簡略化したり修正した上で、そこに新たな知見を付け加えていくというやり方で書かれている。『魏志』倭人伝の多妻の記述は、『後漢書』(成立年代は『魏志』よりあと)では、「国に女子多く、大人は皆四、五婦あり、その余もあるいは両、あるいは三」と、「女子が多い」という説明の一句が付加される。この記述はその後も引き継がれ、『隋書』ではたんに「女多く男少なし」となって、もはや身分ごとの違いや人数にはふれない。十世紀ごろにまとめられた『旧唐書』倭国日本伝も、「地には女多く、男少なし」という。「大人」も「下戸」も多妻では女の数が不足するからおかしいと考えた編纂者が、不自然さを解消しようとして『魏志』の記事に勝手な解釈による一句を加え、やがてその説明句だけが一人歩きするに至る様子がよくわかる。

もっとも、実際に女の数が多かった、という考えもなりたたないわけではない。研究者の中には、弥生時代は戦争が多くて大勢の男が死んでしまい、慢性的に女が余っていたのだとみる人もいる。しかし私は、「婦人は淫れず、妒忌せず」という文にもっと注意を払うべきだと思う。実際に男の数が少なくて、その少ない男を多くの妻が奪い合うような社会では、妻たちが風俗を乱さず互いに嫉妬もしないという状況は、考えにくいのではないだろうか。「婦人は淫れず、妒忌せず」ということは、倭人社会の婚姻習俗が、男のみに性の放縦を許す男尊女卑的な意味での一夫多妻ではなく、妻の側にも不満が起こらないような、男女対等なものであったことを示唆する。

†古代の妻問婚とは

倭人伝の一句のみをあげつらうのをやめて、もう少し後の時代にまで目を広げて、日本の古代社会が全体としてどのような婚姻関係・家族関係のもとにあったのか、近年の家族・婚姻史研究の成果から見てみよう。古代家族・婚姻史研究は、一九八〇年代から九〇年代にかけて活発に展開された。それによって、ほぼ八世紀ごろまでの日本は、男女がゆるやかに結びついて簡単に離合をくりかえす社会だったことが、明らかになってきた（関口裕子『日本古代婚姻史の研究』上・下、同『日本古代家族史の研究』上・下)。親族関係も、父系原理ではとらえられない、父方母方双方と密接な関わりをもつ、双系(双方)的社会だった(吉田孝『律令国家と古代の社会』、義江明子『日本古代の氏の構造』、明石一紀『日本古代の親族構造』)。

『古事記』『日本書紀』『風土記』『万葉集』といった書物からわかる日本古代の婚姻は、妻問婚《つまどい》といわれるものである。ツマというのは、一対の片方をさす言葉で、男からみた妻もツマ、女からみた夫もツマである(この用法は、現在でも短歌の世界には残っている)。男女どちらかが、自分の気にいった相手に「あなた、わたしのつれあい(ツマ)になってくれませんか?」と求愛・求婚の問いかけをし、相手がOKすれば、ただちに二人はむすばれる。結婚生活がはじまっても、普通、すぐには同居しない。それぞれの親・兄弟と生活・労働をともにし、夜になると相手方に通い、朝には帰る。男女どちらからの通いもあるが、多くは男が通った。子どもが生まれると、自然の成り行きとして、母方で育てられる。子どもが何人か生まれるころには同居するが、ずっと通いのこともあり、同居に至る前に関係が切れることも、同居後に別れて出ていくことも頻繁にあった。夫婦関係は、のちの時代とは比べものにならないくらい、流動的だったのである。

†戸籍からは〝見えない〟婚姻関係

七世紀末〜八世紀初に成立した律令国家は、はじめて全国的な戸籍制度を実施した。そこでは当然、このような流動的な夫婦関係を戸籍上でどう把握するか、ということが問題になる。

八、九世紀の法律注釈書（『令集解《りょうのしゅうげ》』戸《こ》令結婚条の「古記《こき》」「義解《ぎげ》」）は、婚姻関係解消の認定条件として、「男夫《だんふ》、障故《ゆえ》なくして来らず」「夫婦、同里内に在りて相往来《あいおうらい》せず」という状況を想定している。同じ里（隣り合った二、三の村ぐらいの範囲。夜、徒歩で通える範囲としては妥当だろう）にいる相手が通ってこなくなったら離婚とみなす、というのである。これを実際問題として考えてみればわかるように、毎晩、同じ相手のところに行くわけではないので、男は複数の相手に通うことができる。気持ちが冷えたら、通わなくなるだけである。女も、これまで通ってきていた相手との関係が薄れれば、別の相手を通わせる。ただし、前の相手がまた思い直して通ってくることもあるだろう。その場合には一時的にせよ〝多夫〟現象も生じることになる。実際、そうした事例はめずらしいものではない。女性の性関係の相手が一人の夫に限定され、それ以外の関係をいわゆる密通・姦通として厳しい制裁の対象とする社会慣行が成立するのは、はるかのち、平安後期以降のことであ

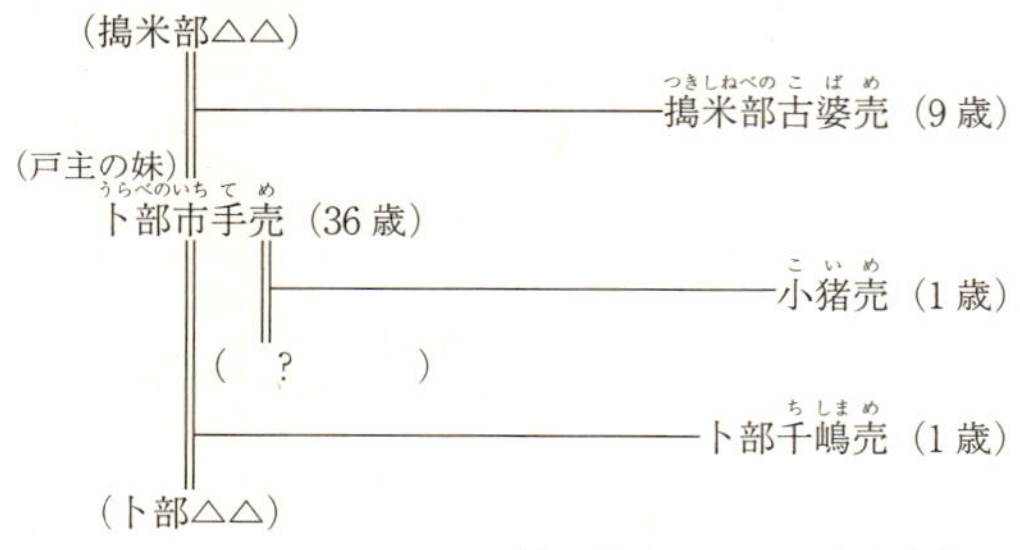

（筑前国嶋《しま》郡川辺《かわべ》里戸籍卜部志都麻呂《しつまろ》戸）

る。

現在、正倉院に残っている奈良時代の戸籍をみると、女の手元で父親の違う子どもを成育している様子が読み取れる。一九五〇年代〜六〇年代ごろの家族史研究では、戸籍の記載をそのまま家族実態と見なしてきた。しかし現在では、戸籍には租税収取・兵士徴発の台帳としてさまざまに作り替えの手が加わっていること、また、律令国家があらたに導入をめざしていた父系主義の原則で記載されているために、通い婚や、妻方居住婚等の実態はきわめて見えにくくなっていること、注意深く分析することで背後の実態がわずかに浮かび上がってくること、が明らかにされている（南部昇『日本古代戸籍の研究』）。

南部氏のあげる例を一つみてみよう。上のものは、父親の異なる複数の子どもが母（卜部市手売《うらべのいちてめ》）のもとで戸籍に記されている例である。子どもは父親の姓で登録するという新たな父系主義の原則で戸籍は作られているのだが、そこから逆に、姓を付さない無姓者は、父親が判明しないか、あるいは父の姓に疑問がある等の事情が考えられる。こうした例を網羅的に検出した南部氏は、その背景に当時の婚姻慣行(妻問婚)があったとみている(同書「味蜂間郡春部里戸籍にみえる無姓者について」)。

右の例では、市手売《いちてめ》の三人の夫は、この戸籍には記されていない。全員が死別か生別ということは考えにくく、おそらく夫たちは他の戸籍に自分の親兄弟と一緒に記載されているはずである。実は、奈良時代の戸籍には、こうした、一見すると離婚して実家に身を寄せているかのようにみえる子連れの女性や、妻を亡くしたように見える若い子連れ男性や、結婚適齢期をはずしたかのようにみえる独身男女が、異様に多い。次頁の例では、総数三十六人からなる一つの戸の中に、幼児を連れた若い女ヤモメが二人いる(足名売《たりなめ》と古売《ふるめ》)。幼児二人を連れた男ヤモメ(阿手良《あてら》)もいる。また、戸主安麻呂の七名の子どもの中には、久毛方《くもかた》と阿弥方《あみかた》、伴足《ともたり》と小足《こたり》という、全くタイプの違う名前の兄弟がいる。同母の子どもは名前に共通性を持つ、という当時の命名の特色と年齢からみて、久毛方と阿弥方は妻の稲依売《いなよりめ》の生んだ子ではないと推定される。しかし、ではその母親は生別か死別か、あるいはどこか他の戸に独身女性として記載されているのか、この戸籍からは全くわからない。小足と黒太売《くろため》も同じ一歳なので、異母の可能性が高いが、戸籍から得られる情報は一切な

秦人稲依売《はたひとのいなよりめ》（34歳）
‖
戸主秦人安麻呂《やすまろ》（38歳）――┬久毛方《くもかた》（15歳）
├阿弥方《あみかた》（14歳）
├伴足《ともたり》（5歳）
├小足《こたり》（1歳）
├古売《ふるめ》（10歳）
├津売《つめ》（9歳）
└黒太売《くろため》（1歳）

（戸主のイトコの娘）
足奈売《たりなめ》（20歳）――秦人大売《おおめ》（4歳）

（戸主のイトコ）
古売《ふるめ》（34歳）――生部意志売《いくべのおしめ》

（戸主のイトコ）
阿手良《あてら》（30歳）――┬世乎《せを》（2歳）
└広売《ひろめ》（5歳）

（御野国加毛郡半布《はにゅう》里戸籍秦人安麻呂戸）

い（義江明子「古代の村の生活と女性」）。

女ヤモメ風の足奈売の場合、大売《おおめ》の父親はどこか別の戸籍に記載されていて、母足奈売《たりなめ》との婚姻関係は〝見えない〟。逆に男ヤモメ風の阿手良《あてら》の場合には、妻との関係が〝見えない〟。それどころか、世乎《せを》と広売《ひろめ》の兄妹は、現実には母親の手元にいて、父親と一緒のように見えるのは戸籍上だけのことかもしれない。「女ヤモメ」「男ヤモメ」であるかのように見えるのは戸籍上でのことで、実際には夫婦は死別も離婚もしておらず、それぞれの夫や妻は、別の戸籍に独身として記載されている可能性もあることが、五十戸を単位とする里ごとの人数統計から推定さ

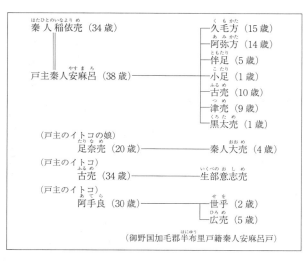

れている。しかし、男性戸主を中心に父系のつながりで記載する、という国家の戸籍作成方針のもとでは、通い婚の夫婦や、別居している父子や、妻方に居住している夫は、戸籍の上では〝見えない〟存在になってしまうのである。

†誰が書いたのか

このことは、史料の読み方という点で、倭人伝の解釈にも大きな示唆を与えてくれると思う。当時の中国社会は、すでに徹底した男尊女卑・父系の社会だった。その中国からの使者が邪馬台国にやってきて、あるいは邪馬台国からの使者に習俗を問いただしたとして、当然、その質問は「妻は何人か?」というものであったろう。「女には夫は何人いるか?」という質問を発することは、思いもよらなかったはずである。国家の造籍方針からはずれた婚姻関係・親子関係が、戸籍上では〝見えない〟のと同様に、男中心社会の見方に慣れた中国史家の手になる倭人伝では、男の側から見た「多妻」は書きとどめられているが、女にもあり得たかもしれない〝多夫〟の現実は、全く〝見えない〟ものとなっているのである。

このように考えれば、「大人は皆四、五婦」と書かれているからといって、大人＝男とはいえないこともわかるだろう。邪馬台国連合を構成するクニグニには、爾支《にき》・泄謨觚《えいもこ》・

柄渠觚《へいきよこ》・兕馬觚《じまこ》・卑奴母離《ひなもり》・弥弥《みみ》・弥弥那利《みみなり》など、さまざまな名称の「官」が置かれていた。これらは、皆、男だったのだろうか。第一章でみてきた女性首長たちの広がりを考えるならば、ここに女が含まれていない、と見る方がむしろ不自然なのではないか。

戸籍については、何十年にもわたる大勢の研究者の努力によって、戸籍からは〝見えない〟関係が、少しずつ探り出されてきた。その場合、戸籍以外の史料には豊富に記録されている通い婚や妻方居住婚が、戸籍には一例も記載されていないのはなぜか、という疑問が解明への一つの手がかりとなった。倭人伝についても、その字面だけに視野を限定せず広く古代の婚姻関係全体を見渡せば、「大人皆四五婦、下戸或二三婦」への疑問が湧くのは当然のことなのだ。そこから、裏面を読みとっていくことが可能となるのである。

誰がどのような面からとらえた状況が記されているのか、という観点に注意しながら、倭人伝の他の記述をさらに見ていこう。

3　見えない王と戦う王

†ヒミコとワカタケル

其の国、本亦《もとまた》、男子を以て王となす。住《とど》まること七、八十年、倭国乱れ、相《あい》攻伐すること歴年、乃《すなわ》ち一女子を共立して王となす。名は卑弥呼と曰《い》う。鬼道《きどう》を事《こと》とし、能《よ》く衆を惑《まど》わす。年《とし》、已《すで》に長大なるも、夫壻《ふせい》無し。男弟有りて国を佐《たす》け治む。王となりて自《よ》り以来、見《み》ること有る者少なし。婢《ひ》千人を以て自ら侍《はべ》らしむ。唯《ただ》、男子一人有りて、飲食を給《きゅう》し、辞を伝えて居処に出入す。宮室、楼観、城柵、厳《おごそ》かに設け、常に人有りて兵を持ちて守衛す。

訳　その国は、もとは男子を王としていた。その七、八十年間の間に倭国は乱れ、攻め合いが何年も続いた。そこで一人の女性を選んで王とした。卑弥呼という。巫術にすぐれ、人々を心服させた。成人してのちも、夫はいなかった。男弟がいて、政治を補佐した。王となってからのち、直接、卑弥呼に会った者は極めて少ない。侍女千人を側にかしずかせていた。ただ一人の男性がいて、食事の世話をし、言葉を取り次ぎ、卑弥呼の居室に出入りしていた。

宮殿・高殿・砦をいかめしく造り、いつも警固の者が武器を持って守っていた。

倭人伝の中でも、とりわけ有名な部分である。〝すぐれた呪術能力の故に人々にかつがれて王となり、結婚もせず年老い、誰にも姿をみせなかった神秘的女性で、実際の政治は弟がやった〟という、私たちの大多数が漠然と抱いているヒミコのイメージは、ここから生まれた。現在の高校日本史教科書には、ほぼ例外なく、囲み史料としてこの部分が載っているから、こうしたヒミコ像は、もはや国民的常識といってもよいだろう。

一方、ヒミコとは全く対照的な王が、同じく教科書の囲み史料に登場する。三世紀の邪馬台国の記述につづく、四、五世紀のヤマト王権の発展の部分である。

順帝《じゅんてい》の昇明《しょうめい》二年、使いを遣わして上表せしめて曰《いわ》く、「封国《ほうこく》は偏遠《へんえん》にして藩《はん》を外に作《な》す。昔自《よ》り祖禰《そでい》躬《みずか》ら甲冑《かっちゅう》を擐《めぐ》らし、山川を跋渉《ばっしょう》し、寧処《ねいしょ》するに遑《いとま》あらず。東のかた毛人《もうじん》五十五国を征《せい》し、西のかた衆夷《しゅうい》六十六国を服《ふく》し、渡りて海の北の九十五国を平《たい》らぐ。……」と。詔《みことのり》して武《ぶ》を使持節《しじせつ》・都督《ととく》倭《わ》新羅《しんら》任那《にんな》加羅《から》秦韓《しんかん》慕韓《ぼかん》六国諸軍事《りつこくしょぐんじ》・安東大将軍《あんとうだいしょうぐん》・倭王《わおう》に除《じょ》す。

（『宋書』倭国伝）

訳 四七八年に（武が）使者を（中国宋の皇帝に）派遣して、上奏文をたてまつった。「我が国は辺地にあって、中国の外の守りとなっている。昔から我が祖先は自ら武装して山を駆けめぐり川を渡り、落ち着くひまもなかった。東方は毛人の五十五カ国を征服し、西方はもろもろの夷の六十六カ国を服属させ、海を渡って北の九十五カ国を平定した。……」と。そこで、順帝は詔をくだして、武を使持節・都督倭新羅任那加羅秦韓慕韓六国諸軍事・安東大将軍・倭王に任命した。

いわゆる倭五王の最後の一人、武の上表文と任命記事である。『宋書』倭国伝のいう倭王「武」は、日本側史料では『古事記』『日本書紀』のワカタケル（大長谷若建命《おほはつせわかたけのみこと》・大泊瀬《おほはつせの》幼武天皇《わかたけのすめらみこと》）にあたり、雄略天皇をさす。「雄略」のような漢字二文字の天皇名は、奈良時代半ばになってから一斉につけられたものだから、当時の呼び名はワカタケルであり（長谷＝泊瀬は、宮のおかれた地名）、タケルを意味する〝武〟が、中国風の漢字一字名として中国側には伝えられたことになる。ワカタケルは、埼玉県稲荷山古墳《いなりやまこふん》から出土した鉄剣の銘文に、「獲加多支鹵《わかたける》大王」として名前がみえ、熊本県江田船山古墳《えたふなやまこふん》出土の大刀銘《たちめい》にも「獲《わ》□□□鹵《る》大王」とある。史料の乏しい古代にあって、実在が確認できるだけではなく、中国側史書・日本側史書・金石文の三者から具体的な事蹟を知ることのできる、貴重な例である。

右にあげた昇明二（四七八）年の上表文によると、ワカタケルは「私の祖父の頃から、自ら武装して戦って四方八方を平らげ、東に西に、さらには海外にまでこのように（中国の）領域を広げました」と忠節を誇り、朝鮮半島の諸地域を含む軍事指揮権と「安東大将軍・倭王」の称号を中国皇帝から認められた。ヒミコが〝見えない王〟つまり、人々に姿を見せないことによって神秘的な権威を高め支配した王の代表例とすれば、ワカタケルは、武装して先頭に立ち支配権を広げた〝戦う王〟の代表例である。そこには、呪術的な女王の支配（三世紀）から武力統治の男王の時代（↓ヤマト朝廷の成立。四、五世紀）へという図式も微妙にからまっていて、ヒミコ、ひいては女性統治者全般の神秘性・古さを感じさせる対比となっている。

だが、ヒミコとワカタケルは、本当にそれほどにも正反対の王だったのだろうか。よく見ていくと、じつは両者の共通面が見えてくる。ここでのキーワードは、「佐治」「少有見者」「男子一人」である。まず、「少有見者」からみていこう。

†〝見えない王〟ワカタケル

武の上表文からは、武装して四方八方に戦いをくり広げる姿しか思い浮かばないし、タケル＝武の名前からみても、ワカタケル＝雄略が〝戦う王〟だったことは間違いない。しかし異なる場面では、ワカタケルもまた、〝見えない王〟となったのである。日本における中国式外交儀礼の確立過程を詳細にあとづけた田島公氏の研究によりながら、具体的に見てみよう。

『日本書紀』雄略《ゆうりやく》天皇十四年正月の条に、身《む》狭《さの》村主《すぐり》青《あお》が「呉《くれ》」（中国南部）から使者とともに帰国し、「住吉津《すみのえのつ》」（大阪湾に面した港）に泊まったという記事がみえる。青は二年前に呉に派遣され、今回、機織り技術者をともなって帰ってきたのである。その後、歓迎の使者として「臣《おみ》・連《むらじ》」が派遣され、「呉人《くれひと》」たちは「檜隈野《ひのくまのの》」（奈良県高市郡のあたり）に安置される。これが三月のことである。ついで四月の条をみると、ワカタケルは根使主《ねのおみ》を「共食者《あいたげひと》」（使者接待の責任者）に任命し、呉人たちを慰労する饗宴を「石上《いそのかみ》の高抜原《たかぬきのはら》」（天理市石上付近）でもよおす。仮設の接待場所が設けられ、そこで宴会が行われたのである。

　ここまでみてきてわかるように、呉からの使者はワカタケルの宮殿に招きいれられていない。ワカタケルの宮は、朝倉宮《あさくらのみや》・長谷宮《はつせのみや》・磯城宮《しきのみや》などとして史料にみえる。檜隅野や石上はその近辺ではあるが、大王の宮そのものには、外国の使者は入れないのだ。それだけではない。ワカタケル自身は宴会の場にも出ず、使者と直接に会うことは慎重にさけているらしい。この記事は、根使主が美しい「玉縵《たまかずら》」（髪飾り）を盗んだことが発覚する、という物語の一部なのだが、発覚の場面は次のように記されている。右にあげた接待記事につづく文章である。

遂《つい》に石上《いそのかみ》の高抜原《たかぬきのはら》にして、呉人に饗《あ》えたまう。時《とき》に密《しのび》に舎人《とねり》を遣《つかわ》して、装飾《よそい》を視察《み》しむ。舎人、服命《かえりこともう》して曰《もう》さく、「根使主の著《せ》る玉縵《たまかずら》、太《はなは》だ貴《けやか》にして最好《いとうるわ》し。また衆人《もろひと》の云《い》わく、『前《さき》に使《つかい》を迎《むか》うる時《とき》に、又亦《また》著《せ》りき』という」ともうす。ここに、天皇、自《みずか》ら見《み》たまわんとして、臣連《おみむらじ》に命《みことおお》せて、装《よそい》せしむること饗《あえ》せし時《とき》の如《ごと》くして、殿《おおとの》の前《まえ》に引見《めしみ》たまう。

訳 石上の高抜原で呉人に饗宴を賜った。その時に、ひそかに近従の舎人を遣わして、（根使主の）装いをみさせた。舎人は戻ってきて、「根使主が着けていた玉縵は、非常に際だって素晴らしく、最も美しいものでした。また、人々が申すには、『さきに使者を迎えた時にも、また、同じ玉縵を着けていた』とのことです」と報告した。そこで天皇は、自分の目でも確かめたいと思い、臣・連に命じて、饗宴の時と同じ装いをさせて、宮殿の前に並ばせてご覧になった。

舎人に宴会の場の様子をそっとうかがわせ、確かめるために当日と同じ装いを臣下にさせて宮殿に召した、ということからわかるように、ワカタケル自身は、迎労―安置―宴会という使者迎接の過程全体を通じて、使者には会っていないのである。

外国からの使者に王は直接には会わないというのは、倭国の古くからの伝統であった。七世紀の推古天皇の時にはじめて、遣隋使小野妹子《おののいもこ》の派遣に対する答礼の使者としてやってきた裴世清《はいせいせい》は、推古の小治田宮《おはりだのみや》に迎え入れられた。文明化をめざして、中国式の外交儀礼を積極的に取り入れたのであり、大きな画期だった。しかしこのときにも、大王（推古）自身が使者と対面することは、慎重にさけられている。推古は大門《みかど》で隔てられた奥にいて、隋使から国書を受け取った大臣の奏上をうけたのである（『日本書紀』推古十六年八月壬子条）。それほどまでに、外国からの使者の前に姿を現さないということは、倭王の外交儀礼としてのゆるぎない伝統であったらしい。七世紀末〜八世紀初、中国式に整えられた藤原宮《ふじわらのみや》の大極殿《だいごくでん》で、文武天皇がはじめて外国使の前に姿を現して拝賀をうけ（『続日本紀』文武二年正月・大宝元年正月条）、ここにやっと中国式外交儀礼が確立する。中国の皇帝と国使の対面の儀および同一殿内での賜宴の様子は、古瀬奈津子氏の研究に詳しい（『遣唐使の見た中国』）。

こうした大きな流れの中で考えた場合、「雄略（ワカタケル大王）は外国使とは会見しておらず、その意味では邪馬台国の女王卑弥呼と同じ形式」とみなせるのである（田島公「外交と儀礼」）。

ワカタケルが、ある局面では〝戦う王〟であり、別の局面では〝見えない王〟でもあったということがいえるとすれば、ヒミコについても、同様のことを想定してみる余地があろう。「見ること有る者少なし」とは、倭人伝筆者の記述である。たしかに、外国の使者にとっては、ヒミコも含めて、古い時代の倭王はみな〝見えない王〟だった。だがはたして、邪馬台国の人々にとってもそうだったのだろうか。

†ヒミコは誰にとって見えなかったのか

ここで、さきほど多妻習俗の記述をめぐって確認したことを思い出して欲しい。史料の記述は、誰がどの面に着目して書いたのかによって、まったく異なった姿をとる。描かれていない面は、私たちには〝見えない〟のである。ヒミコはもしかしたら、外国からの使者以外の人々にとっては〝見える王〟だったかもしれない、という可能性を排除せずに、倭人伝の外交と戦争の記事を読み直してみよう。

ヒミコは、狗奴《くな》国の男王卑弥弓呼《ひみくこ》とかねてより厳しい対立関係にあった（「素《もと》より和《わ》せず」）。魏に使いを派遣して倭王に任じられることを求めたのも、中国王朝の権威を借りて周辺のクニグニとの争いで優位に立つため、ということが大きい。

景初二［三］（二三九）年六月、卑弥呼の使者は魏の出先機関である帯方郡《たいほうぐん》に到り、そこから魏の都に向かう。同十二月、卑弥呼を「親魏倭王《しんぎわおう》」となすとの制詔と金印紫綬《しじゅ》が帯方郡太守に仮授され、翌正始元（二四〇）年、太守の使者が倭国に詣り、倭王に詔と賜物を「拝仮」し、倭王も「使いに因《よ》りて」上表し、答謝した。四年にも倭王は使者を派遣して産物を献上し、六年には帯方郡を通じて「黄幢《こうどう》」（軍事指揮にあたって掲げる黄色の旗）の仮授がなされた。そして正始八（二四七）年、倭の使者が帯方郡に詣って、卑弥呼と「相攻撃」する状況を訴えたので、郡太守は使者に詔書と黄幢をもたせ、激励した（「檄《げき》を為《つく》りて之《これ》に告喩《こくゆ》せしむ」）。しかし、ヒミコはすでに死んでいて、男王を立てたが国中が服さず争ったので、ヒミコの宗女の壱与《いよ》（台与《とよ》）が王に立てられ、使者は壱与に「檄」を与え「告喩」した。

このようにみてくると、ヒミコの行った外交は、対立する周辺諸国・諸勢力との争いで優位に立ちたいという動機においても、遣使朝貢して「倭王」任命をもとめたことにおいても、使者と直接には対面せず他の者が詔書・上表を取り次ぐ儀礼方式においても、ワカタケルと何ら異ならない。だとすれば、ワカタケルと同じようにヒミコも、〝見えない王〟であると同時に〝戦う王〟であった可能性すらあるのではないだろうか。

帯方郡守からの使者が「黄幢」をもって倭国に到った時、すでにヒミコは死んでいた。だが、もし彼女が生きていたとしたならば、中国王朝の後ろ盾を示す「黄幢」を掲げ、ヒミコ自身が率先して戦陣に臨んだと想定することは、それほど突飛なことだろうか。王として共立されたのが少女のころだったとしても、このころにはすでにヒミコはかなりの老齢だったろう。しかし、七世紀後半、百済滅亡の危機に直面して、ヤマト朝廷がその総力をあげて百済復興救援の大軍を派遣した時、斉明《さいめい》天皇は六十歳を超す老齢にもかかわらず出征し、軍営を設けた朝倉宮《あさくらのみや》（福岡県朝倉郡）で亡くなった。そのころまでの倭国の伝統においては、男女・年齢をとわず、国の命運をかけた戦いに王が親征することは当然のことだったのである。

斉明天皇は、皇極天皇だった時に、雨乞いで見事に雨を降らせた王としても有名である（『日本書紀』皇極元年七月・八月）。女帝巫女論の一つの根拠ともなっている。しかし、古代最大の内乱といわれる壬申の乱を戦い抜いて、武力で王権を手にいれた天武天皇も、乱のさなかに川辺で自ら天照大神を望拝し、これによって神風が吹いたと信じられていた（『日本書紀』天武元年六月・『万葉集』一九九番）。呪術的祭祀にすぐれた能力を発揮することと、軍事指揮の先頭にたつこととは、男女をとわず、倭王として備えるべき資質だったとみるべきだろう。

†ワカタケルを「左治」した豪族

とはいっても、ヒミコは祭祀をもっぱら行い、外交も含めて実際の政治は「男弟」にまかせていたのではないか、という疑問は残る。ヒミコと「男弟」の関係は、男女聖俗二元論のイメージの根源でもあり、研究者の中には、この「男弟」こそが真の倭国王だったと主張する人もいる。しかし私は、倭人伝での「男弟有りて国を佐《たす》け治む」という記述を、男弟がヒミコに代わって政治を行ったと理解することに、かねてから疑問を抱いてきた。そこで、次のキーワードとして「佐治」について考えよう。ここでも手がかりとなるのは、ワカタケルとの比較である。

埼玉県稲荷山古墳出土鉄剣には、細長い剣の表と裏に計百十五文字が刻まれている。表はこの銘文を刻ませたヲワケ臣の系譜、裏には系譜末尾につづけて、ヲワケがワカタケル大王に仕えたことが誇らしく記されている。その中に「左治」という二文字がみえる。

〔裏〕其児名加差披余其児名乎獲（獲）居臣世々為杖刀人首奉事来至今獲（獲）加多支鹵大王寺在斯鬼宮時吾**左治**天下令作此百練利刀記吾奉事根原也

〔訓読例〕其の児、名はヲワケの臣。世々、杖刀人の首と為り、奉事し来り今に至る。ワカタケ（キ）ル（ロ）の大王の寺、シキの宮に在る時、吾、天下を**左治**し、此の百練の利刀を作らしめ、吾が奉事の根原を記す也。

（『稲荷山古墳出土鉄剣金象嵌銘概報』）

訳 私ヲワケは、代々、親衛隊長としてこれまでお仕えしてきました。ワカタケル大王が斯鬼（磯城）宮で政治をとられていた時、私は天下の政治を補佐しました。このすぐれた刀を作って、私たち一族の奉仕の由来を明記します。

ここの「左治」をめぐっては、銘文のヲワケがこの古墳に葬られた豪族本人か、あるいは中央の有力豪族かという議論とかかわって、これまで問題とされてきた。中央豪族説では、「左治天下」（大王を補佐して天下を治めた）という書き方は地方豪族にはそぐわず、中央豪族にこそふさわしいとみるのである。古墳に葬られた豪族本人がヲワケだとみる場合は、地方豪族がミウチや配下の民にむけて自分の地位を大げさに吹聴したとみる説と、五世紀ごろにはまだ畿内勢力と地方豪族とのあいだに画然とした差はなく、地方豪族も外交・軍事等のさまざまな局面で実際に大王を「左治」することがあり得た、とみる説の両方がある。私自身は、自分の社会的地位を誇示するという系譜の機能からいって、古墳被葬者＝ヲワケとみるのがもっとも自然であり、『日本書紀』にみえる古い時代の将軍の記事などからみても、地方豪族が実際に「大和朝廷に出仕して大王の身辺に仕え、大王の権限の移譲を受けるほどの地位にあったことを示している」（長山泰孝「前期大和政権の支配体制」）とみてよいと考えている。

しかし、ここで問題にしたいのはそのことではない。「ワカタケル大王が斯鬼（磯城）宮で政治をとられていた時、私は天下を左《たす》け治めた」というこの銘文から、私たちは、〝ワカタケル大王は飾り物で、実際の政治はもっぱらヲワケがしたのだ〟とか、〝本当の王はヲワケだった〟などといった議論をするだろうか。決してしないだろう。ワカタケルは実力ある王者であり、ヲワケは、中央豪族であるにせよ地方豪族であるにせよ、あくまでも大王を補佐した臣下の一人である。ワカタケルが実際の政治をしなかったとは、夢にも考えない。それなのに、なぜ同じ「佐（左）治」の語を眼にしながら、ヒミコは祭祀専門で実際に政治をしたのは「男弟」、と決めつけてしまうのだろう。そこには、女が実際の統治者だったはずはないという思いこみが、無意識のうちに働いているのではないだろうか。

「見ること有る者少なし」から、文字通り、閉じこもっていて人に姿を現さない神秘的な王だったとは言い切れない、むしろ、ヒミコとワカタケルは同質の王だった可能性がある、ということはすでに述べてきた通りである。男弟の「佐治」についても、ヲワケがワカタケルを補佐したのと同じように、側にあって卑弥呼の政治を助けた、とみて少しも差し支えないと私は思う。

4　卑弥呼の〝夫〟

†「男子一人」の給仕

ヒミコが人に姿をみせない神秘的王であったという一般的な理解のもとになっている記述が、もう一カ所ある。「見ること有る者少なし」につづく「婢千人を以て自ら侍らしむ。唯、男子一人有りて、飲食を給し、辞を伝えて居処に出入す」との文である。これを見ると、「男子一人」だけがヒミコに会うことができ、他の人間とは顔を会わせなかった、というように読み取れるからである。しかし、この部分についても、必ずしもヒミコ神秘化に結びつかないと、私は思っている。以下、理由を述べよう。

まず解決しておかなければならないのは、この「男子一人」と「男弟」とは同一人か否かということである。これまでの研究では両説あり、確定されるには至っていない。のちの中国史書では、「男弟」に関する記述がなくて「男子一人」のみのもの（『後漢書《ごかんじょ》』）、「男子二人」とするもの（『北史《ほくし》』）、「男弟」と「男子二人」とするもの（『隋書《ずいしょ》』）がある（『邪馬台国研究事典』I「中国史書各倭伝の対照一覧」参照）。この中には「男弟」＝「男子一人」と解釈して文意を補い書き換えたものも混じっているようで、記述の違いは考察の手がかりとはならない。したがって『魏志』倭人伝の記載から判断する以外にはなく、それによる限り、両者は書き分けられているとみるべきだろう。

では、「男子一人」の役割とは何だろうか。「男弟」=「男子一人」説では、国政を「佐治」した男弟だけがヒミコと会って「辞」を伝えることができた、とみることになる。「男弟」と「男子一人」を別人とみる説では、「男子一人」の任務にはあまり積極的にふれないが、人類学の事例を援用して、「王」と「王の政治を事実上、執行している者」と「王に近侍している者」との三者からなる支配体制とみる考え方もある（佐伯『魏志倭人伝を読む』下）。「辞を伝える」というところだけに注目すれば、たしかにどちらもそれなりに納得できる解釈である。しかし、「飲食を給し」とある部分にも、もっと注目してみる必要があるのではないか。

†巫女の神秘化と飲食給仕

ここで突然に話が飛ぶようだが、後世の巫女の神秘化の過程について、かつて私の研究した成果を紹介させていただきたい。人に姿を見せない神秘的女性への飲食給仕、ときいて私が思い浮かべるのは、近世の鹿島物忌《かしまものいみ》のことである。

近世の鹿島神宮には、「物忌」といわれる巫女がいた。神職者一族の女性の中から、生理（初潮）前の童女が占いで選ばれ、物忌館に籠もって清浄な生活を送り、死ぬまでその職にあって、重要神事には神宮に出向いて奉仕した。柳田国男は、名著『妹《いも》の力』の中で鹿島物忌にふれ、「鹿島さまのおめかけになると、いつ迄も十七の姿でゐたつてなア」という老女の言葉を紹介して、巫女の古い形の残存がここにみられると述べている。〝神聖なる未婚の処女が神の妻となり生涯を神に捧げる〟という形を巫女の原型と考え、そうした本来の姿の名残が鹿島物忌に見いだせる、としたのである。

しかし、鹿島物忌について実際の歴史をみていくと、近世初期までは他の神職者たちと権限・給付などでの争いをくりかえしており、特に神秘化されている様子はない。それが、近世中期以降、男性神職者内部での争いを通じて、物忌後見役の神職家がことさらに物忌の権威化・神秘化をはかり、それによって自家の勢力拡大を図っていった。近世は、一般的には男尊女卑思想が社会全体にいきわたり、女性不浄観も深まっていく時代である。そうした時代背景のもとで、神に仕える巫女の権威をたかめそれを人々に納得させるためには、尋常ならざる神秘化が必要とされた。物忌の職掌を神代《かみよ》以来のものとするような由緒が創りだされる一方で、〝物忌には生涯生理なし〟という言説が流布されていくのである。

御ものいみにそなハる後は……一生月のさハり《（障）》を見る事なし。御ものいみにさたまり《（定）》しより後ハ、さいれい《（祭礼）》の外、殿内をはなる《（離）》ゝ事をきんず《（禁）》。……朝夕のくご《（供御）》ハ老女弐人毎日別火、しょう〳〵《（清浄）》に身をきよめ《（清）》、あまくだり《（天降）》の神火をもつてくごをとゝのへ、御も《（御膳）》を奉る。もちろん此老女弐人の外、かつてたいめん《（対面）》なす事をきんず《（禁）》。（「御ものいミ由来略」）

生理前の童女が選ばれ、いったん選ばれたのちは、生涯、生理（「月のさハり」）になることがなかった。館《やかた》に籠もり、老女二人が特別にあつらえた食事を給仕するだけで、ほかの人間には顔をみせなかった、というのである。もちろん、どれほど清浄の生活をしようとも、実際に一生生理がなかったとは信じられない。これは、当時の社会に蔓延する女性不浄観の裏返しであろう。一般女性の不浄に対して、不浄とは全く関わりのない巫女であることを強調する必要があったのである。そうした神秘的巫女像創出の一環として、「いつ迄も十七の姿でゐた」「一生月のさハりを見る事なし」といった言説とともに、「かつて対面なすことを禁ず」（誰にも顔をみせない）というタブーが新たに作り出されていくのである。

そもそも、史実をみていけば、祭祀も神がかりも女性だけの役割や特性ではない。古代においては、男女一組の神職者が、現実の政治や経営と一体となった祭祀を掌《つかさど》っていた。

巫女も、一般には未婚に限定されてはいなかった。男性神職の力が強まり、社会全体での女性の地位低下が露わになるにつれて、それに反比例して、一部女性の権威化・神秘化がはじまるのである（義江明子『日本古代の祭祀と女性』）。

さて、ここで私が注目したいのは、こうした「神妻」に擬され神秘化された女性の飲食給仕にあたるのは、（生理の終わった）「老女」だということである。近世の鹿島物忌が権威化の手本とした、中・近世の伊勢神宮に仕えた童女の「子良《こら》」についても同様で、老女が「副姥《そえうば》」として奉仕したと記録されている。つまり、もし通説のように、ヒミコが神に仕える神聖な処女で、生涯夫をもたず人にも会わないという神秘的巫女であったならば、彼女に「飲食を給す」役目は老女のはずなのである。ところが「男子一人」がその役目を担っているということは、逆に、ヒミコがそのような意味での神秘的巫女ではなかったということではないか。

さきに、「男弟」の「佐治」について、ワカタケルとヲワケの例を手がかりに、「男弟」が全面的に国政を担ったのではなく、実際に政治を行うヒミコのかたわらに、「男弟」を筆頭とする補佐役がいたのであろうと推定した。また「少有見者」についても、王は外国からの使者とは対面しないという倭国の伝統に照らして、ヒミコは外国使者からみた〝見えない王〟であったにすぎず、国内では〝戦う王〟であった可能性すらあることを示唆した。そうした中にあって、特に「男子一人有りて、飲食を給し、辞を伝えて居処に出入す」と記される、この「男子一人」とは何者だろうか。「飲食」という最も身近な奉仕を通じて日常的に側におり、自由に女王の宮殿に出入りし、その言葉を外部に伝えて政治的力をも行使したかもしれない男性、それはヒミコの〝夫〟なのではないだろうか。

†新羅女王の「匹」

よく知られているように、古代日本には七世紀から八世紀後半にかけて、八代六人の女の大王・天皇がいた。同じころ、新羅にも女王がおり、中国には有名な武《ぶ》則天《そくてん》（則天武后）が出た。日本古代の女帝を広く東アジア全体の中で考える、という貴重な研究成果をまとめた荒木敏夫氏は、古代新羅の女王について、大変興味深い指摘をしている。

新羅では、七世紀に善徳《ぜんとく》と真徳《しんとく》の二人の女王が相ついで即位し、九世紀にも真聖《しんせい》王がいた。女王出現の背景には、王の血統の尊貴性重視と、王大后《おうたいこう》摂政の伝統などが考えられている。彼女らは、公式にはいずれも婚姻していない。しかし『三国遺《さんごくい》事《じ》』（十三世紀末ごろに成立したとされる朝鮮の私撰史書）によると、七世紀前半の善徳（女）王について「王之匹、飲葛文王」、九世紀後半の真聖（女）王についても「王之匹、魏《ぎ》弘《こう》大角干」（『三国遺事』王暦第一）とあり、ここに見える「匹」とは「たぐい。つれあい」の意味で、「正式の婚姻によらない「内縁の夫」を含意する」という(荒木敏夫「可能性としての女帝」)。「葛文王(ぶんおう)」は一種の副王、「大角干(だいかくかん)」も新羅官位中の最高位であるから、いずれも決して低い身分ではない。しかし、婚姻を公然とはできない条件のもとで、「匹」という形で存在したらしい（『三国遺事』によると、魏弘は乳母の夫である）。

ここで私が注目したいのは、荒木氏も紹介しているように、『三国史記』（十二世紀半ばに成立した、朝鮮の官撰史書）に、真聖王と魏弘との関係について、「王、素より角干魏弘と通ず。是に至りて常に内に入れ事に用ゆ」（『三国史記』新羅本紀第十一、真聖王二年二月）との記述の見られることである。魏弘は死後、「恵成大王」と諡《おくりな》されたという。王との私的関係にもとづいて、自由に宮殿に出入りし、政治向きの事柄にも関与する。これは『魏志』倭人伝の記す「男子一人」の行動と、よく似ているといえるのではないか。ヒミコは公式には「夫壻《ふせい》なし」であったが、実際には、周辺の有力「国人」の一人が〝夫〟として存在し、「男弟」による公式の補佐とは別ルートで、ヒミコの言葉を伝え、一定の政治的力を行使したとは考えられないだろうか。

仮説としてもあまりに大胆すぎる、と思われるかもしれない。しかしそれは、ヒミコの神秘的イメージにとらわれているからだ。「少有見者」「佐治」といったキーワードを検討しながら、一枚一枚はずしてきた神秘のヴェールを、ここで思い切って全部とり、虚心にヒミコと向かいあって欲しい。すると、公然化できない〝夫〟をもった女王は、日本の古代に他にもいたことが見えてくる。

第三章

飯豊王の物語を読む

大阪府羽曳野《はびきの》市・藤井寺市一帯にひろがる古市古墳群。五世紀を中心とする大王級の大型古墳を多数含む。中央のひときわ大きな誉田御廟山《こんだごびようやま》古墳（伝応神陵）の南（上方）に点在する古墳群の中に伝清寧陵古墳と伝仁賢陵古墳がある。飯豊王は、清寧没後にしばらく「臨朝秉政《みかどまつりごと》」したという。〔写真提供：藤井寺市教育委員会〕

1　「与夫初交」（マグワイ）した女王

†イイトヨ伝承を読み直す

六世紀末の推古から八世紀後半の称徳まで、古代には八代六人の女帝がいた。だがそれ以前、実在したとすれば五世紀末ごろに相当する「飯豊青尊《いいとよのあおのみこと》」も、実質的には大王の地位にあったのではないかという議論が古くからある。この時代についての記紀の記載は史実と伝承がないまぜになっていて、確実なことをいうのはむつかしい。だが、物語を〝読む〟というのは、そこから史実のかけらを拾い集めることではない。イイ（ヒ）トヨが実在したのかどうか、実際に即位したのかどうかではなく、彼女が記紀にどのように描かれているのかをみていくことによって、古代の女性統治者の真実をつかみたい。

飯豊王は、清寧死後の王統断絶の危機にあたって、重要な役割を果たしたとされている女性である。記紀で描き方が異なり、『古事記』では次のように語りだされる。

故《かれ》、天皇《すめらみこと》崩《かむあが》りまし後、天《あめ》の下《した》治《し》らしめすべき王《みこ》無かりき。是に日《ひ》継《つぎ》知らす王《みこ》を問

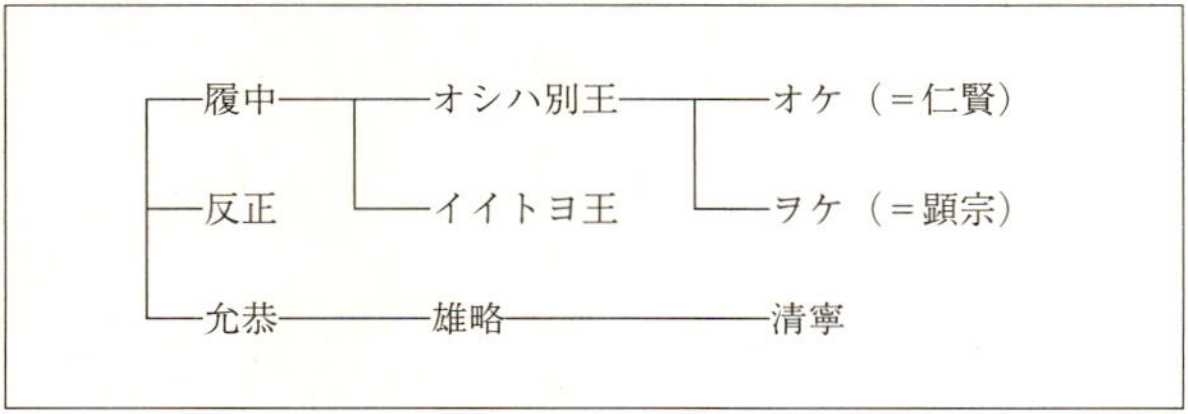

うに、市辺忍歯別王《いちのべのおしはわけのみこ》の妹《いろも》、忍海郎女《おしぬみのいらつめ》、亦の名は飯豊王《いいとよのみこ》、葛城《かつらぎ》の忍海《おしぬみ》の高木《たかぎ》の角刺宮《つのさしのみや》に坐《ま》しましき。

（清寧天皇、二王子発見の段）

訳 清寧天皇がなくなったあと、天下を治めるべき御子がいなかった。そこで、「日継ぎ知らす王」をたずねたところ、オシハ別王の妹の忍海郎女＝イイトヨ王が、葛城忍海の高木角刺宮にいらっしゃった。

その後、針間（播磨）国からオケ・ヲケの二王子が発見され、姨《おば》の飯豊王は喜んで宮に迎えて、弟（ヲケ＝顕宗）・兄（オケ＝仁賢）の順に即位した。系譜関係を示すと、上のようになる。

「＊＊宮に坐《ま》す」というのは、王位にあったことを示す書きぶりである。本居宣長の『古事記伝』では、「殊に其宮をしも挙げ云ることは、此宮に坐々《ましまし》て、暫く天下所知看《あめのしたしろしめし》つる意を含めたる文なり」とする。つまり、『古事記』はこうした書き方をすることによって、イイトヨが清寧のあとしばらくのあいだ「天下」を治めたことを示しているというのである。

一方、『日本書紀』の話では、清寧の生前に二王子の発見があり、宮中に迎えられる。しかし、清寧の死後、二人は位を譲りあったので、「飯豊皇女」が「忍海角刺宮《おしぬみのつのさしのみや》」で「臨朝秉政（みかどまつりごと）」し、自ら「忍海飯豊青尊《おしぬみのいいとよのあおのみこと》」となのった。その後、「飯豊青尊崩《かむあが》りましぬ。葛城埴口丘陵《かづらぎのはにくちのおかのみささぎ》に葬《はぶ》りまつる」との記事があり、兄弟で互いに譲り合った末に、ついに翌年正月、弟のヲケが即位する（顕宗即位前紀）。「臨朝秉政」とは、正式に即位はせず、しばらくのあいだ代わって政治をとることである。また、「尊」「崩」「陵」という語は、『日本書紀』では天皇ないし天皇に準ずる地位にあった人物に対してしか使われていない。『日本書紀』もやはり、イイトヨ王は実質的に朝政を執る地位にあった、と見ていることになる。

こうしたことから、イイトヨ王は推古にさきだって存在した〝女帝〟とみなされ、平安末期成立の『扶桑略記』は「飯豊天皇、第廿四代女帝」としている。播磨国風土記（美嚢郡条）にも二王子の伝承があるが、山部連少楯《やまべのむらじおだて》が二王子を発見して王子たちの母である手《た》白髪命《しらかのみこと》に知らせる、という話になっていて、イイトヨ王は全く登場しない。

†「日継を問う」をめぐって

イイトヨ王が実質的な執政者の地位にあったのだとすれば、それは彼女のどのような資格なり能力なりによってだったのだろうか。また、執政者の地位にあったことをそれほど強く示唆しながら、なぜ、即位したとはされていないのだろうか。

まず一番の問題は、『古事記』の語りにある「日継知らす王を問う」の理解をめぐってである。一見しただけでは、誰が誰に何を「問う」たのか、肝心のところがわかりにくい、不思議な文章である。また、「問う」が〝問いかける〟の意味なのか、〝尋ね求める〟の意味なのかでも、解釈はかわってくる。『古事記伝』は「此時天津《このときあまつ》日《ひ》嗣所知看《つぎしろしめす》べき王を尋求むるに、すべて男王は存坐《ましまさ》ず、唯《ただ》此女王一柱《ひとはしら》のみ世に存坐《ましませ》る」とみた。継承者を探し求めたところ、イイトヨだけがいた、そして角刺宮で執政した、という解釈である。本章冒頭にあげた訓み下しは、基本的にこの宣長の解釈に添っている。

折口信夫は、この部分を、「こゝに、日継知らさむ王を問ふに」と訓むべきではないとして宣長を批判し、「是に、日嗣知らさむ王を問ひき」と過去形で訓みきるべきだとした。これによって、「廷臣たち」が「日嗣治らさむ王（―のこと）を、市辺忍歯別王《いちのべのおしはのわけのみこ》の妹《いろも》、忍《おし》海郎女《ぬみのいらつめ》に問ふ。亦の名飯豊王、葛城の忍海の高木の角刺宮に坐す」と訓むことができ、「この姨尊《おばみこと》の啓示によつて、二王子の日継知らすべきことが告げられた」。この訓みによれば、イイトヨ王は執政者ではなく、廷臣たちに尋ねられて、後継者として二王子がいることを告知した〝巫女〟ということになる。そして折口は、そのような重大な告知を行うことのできる「宮廷高巫《きゅうていこうふ》」が、のちに、何かの特別の事情ある時に自ら即位するにいたったもの、それが女帝の本質であるとする独自の女帝論を展開したのである（折口信夫「女帝考」）。

折口説の訓みを支持する論者は多く、私も、訓み自体は折口説でよいと思う。しかし、だからといってイイトヨ王が「宮廷高巫」だったという結論にはならないだろう。そのように訓んだ場合にも、「葛城忍海之高木角刺宮に坐す」王として、群臣から、誰を「日継」にすべきかを問われたことにはかわりないからである。古代において、次の王を誰にすべきかを群臣に示すことは、執政者たる王の重要な権能の一つであった。群臣がイイトヨ王に「問う」たのは、彼女が巫女だったからではなく、その時点での〝王〟だったからと見る余地は充分にあると思う。「日継を問う」記事がない『日本書紀』の場合にも、イイトヨ王の「忍海角刺宮臨朝秉政」は明記されている。記紀が一致して、実質的に王位にあって執政した人物としてイイトヨ王を描いている、というところから考察を出発させなければならない。〝女性統治者＝巫女〟を自明の前提とすることなく、伝承の意味をさらに探ってみよう。

「女の道」を知りぬ

イイトヨ王について『日本書紀』は不思議な話を伝えている（清寧三年七月条）。二王子が発見されて清寧の宮中に迎え入れられ、兄のオケ王が皇太子となった、という記事につづく部分である。

飯豊皇女《いいとよのひめみこ》、角刺宮《つのさしのみや》にして、与夫初交《まぐわい》したまう。人《ひと》に謂《かた》りて曰《のたま》わく「一女《ひとはしおみな》の道《みち》を知《し》りぬ。また安《いずく》にぞ異《け》なるべけん。終《つい》に男《おとこ》に交《あ》わんことを願《ほり》せじ」とのたまう。此《ここ》に夫《おうと》ありと曰《い》えること、未《いま》だ詳《つばひらか》ならず。

訳 イイトヨが角刺宮で男と交わった。そのあと他人に語っていうには、「一通り「女の道」も知ったけれど、どうということもない。もうこれからは男はいらない」と。〔注にいう。ここに「夫」とあるのは、不審である。〕

これについても折口信夫は、「祭祀の上の結婚で、決して家庭をなしてのものではなかつたであらう」との推定を述べている。しかし、「与夫初交（まぐわい）」も「女道（おみなのみち）」も「交於男（おとこにあう）」も、きわめて世俗的な言葉である。〝女王＝巫女〟

という思いこみを取り払って眺めれば、とりわけて祭祀を示唆する要素はない。

ここで、前章で述べた、古代新羅の女王についての「匹」の存在を思い起こして欲しい。新羅の史書が伝える、正式の婚姻によらない女王の「内縁の夫」と同様の事柄を、イイトヨ王の「与夫初交（マグワイ）」記事はいっているのではないだろうか。

ただし、『日本書紀』はそうした伝承を伝えながらも、「終に男に交《あ》わんことを願《ほり》せじ」とイイトヨ王自身に語らせることで、執政時の飯豊王には「夫」はいなかった、という設定にしているのである。『日本書紀』では、イイトヨ王の伝承は、清寧紀の「与夫初交（マグワイ）」記事と顕宗即位前紀の「臨朝秉政」記事の二つに分割して記され、マグワイの話は、前後とのつながりの全くない唐突な記事として挿入されている。だが、これも意味のある配置であるらしい。『日本書紀』の叙述の流れを順序にしたがって示すと、次のようになる。

清寧紀

二年十一月　播磨国で二王子発見

三年　正月　二王子を宮中に迎える

四月　オケ王を皇太子、ヲケ王を皇子とする

七月　「飯豊皇女、於角刺宮、与夫初交」
「終不願交於男」
五年　正月　清寧崩御
顕宗即位前紀
清寧二年十一月　二王子発見
同三年　正月　宮中へ迎える
四月　皇太子・皇子とする
＊
五年　正月　清寧崩御
是月　二王子、位を譲りあう
「飯豊青皇女、於忍海角刺宮、臨朝秉政」
十一月　「飯豊青尊崩、葬葛城埴口丘陵」

清寧紀と年代的には重なる。イイトヨのマグワイ記事は＊の箇所に相当する。

『古事記』とちがって、『日本書紀』はイイトヨ王に「日嗣を問う」話がなく、二王子の発見はイイトヨとは関係なくなされているので、イイトヨが登場するのは清寧紀の三年七月条がはじめてである。そこに何の前置きもなく、「マグワイ」のことが記される。だがその前に、二王子の立太子・皇子記事があり、顕宗即位前紀では二王子の譲りあいを経て、イイトヨの「臨朝秉政」となっていることから見ると、「マグワイ」→「終に願りせじ」の話は、「臨朝秉政」の伏線としてあらかじめ清寧紀に配置されたとみるべきだろう。執政の女王の「夫」は、『日本書紀』編纂者の立場からは、あってはならないものだったのである。

『日本書紀』編纂時の天皇は、元明《げんめい》・元正《げんしょう》である。元明は皇位継承を予定されていた草壁《くさかべの》皇子《みこ》の妃であり、文武《もんむ》・元正の二天皇と吉備《きび》内親王を生んだ。母に続いて即位した娘の元正は、生涯不婚だった。また『日本書紀』の描く伝承世界では、崇神《すじん》の姨《おば》のヤマトトトヒモモソヒメは三輪山の神の妻となって夜な夜な神を迎え、仲哀《ちゅうあい》の妻である神功皇后は臨月の身で新羅遠征を行い、帰国後に応神《おうじん》を生んだとされる。このように、八世紀初の段階で〝あり得べき〟と考えられた女性統治者は、天皇ないし皇位継承予定者の妻であり、巫女は神の妻であって、人間の「夫」はもたない。それらとは異なり、男王の后ではなく、神の妻でもなく、一人の女として「夫」を持った（「女の道」を知った）イイトヨ王の姿は、〝あり得べからざる〟ものだった。これが、「此《ここ》に夫《おうと》ありと曰《い》えること、未《いま》だ詳《つばひらか》ならず」との注の意味するところである。

　にもかかわらず、イイトヨ王が実質的執政者として描かれていることは、逆に、「夫」

をもったことも含めて、それらが無視し得ない確かな伝承であったことを強く示唆する。書紀編纂時の女性統治者像とはかけはなれた、古い時代の女の王の姿を伝えていること、それがイイトヨ王の即位が明記されない理由であろう。

男王の后ではなく、神の妻でもなく、一人の女として「夫」をもった、古代の女性統治者がもう一人いる。古代最後の女帝、孝謙＝称徳である。だが、彼女と道鏡との関係は、奈良時代においては、到底容認されないものだった。九世紀初めに成立した『日本霊異記』の孝謙と道鏡の話（下三十八話）には、のちの道鏡巨根伝説につながる隠微な眼差しがはっきりみてとれる（義江明子「古代女帝論の過去と現在」）。だが、イイトヨ王の物語を読んできた私たちは、孝謙＝称徳の中にも、古い時代の女の王たちのかすかな残響をききとることができるのではないか。

2　飯豊の青

†飯豊青尊と自称す

イイトヨ王は、さまざまな名で『古事記』『日本書紀』に記されている。

① 市辺之《いちのべの》忍歯王《おしはのみこ》、次御《み》馬王《まのみこ》、次妹「青海郎女《あおみのいらつめ》」、亦の名は「飯豊郎女《いいとよのいらつめ》」。（履中記）

② 市辺之《いちのべの》忍歯別王《おしはのわけのみこ》の妹《いろも》「忍海郎女《おしぬみのいらつめ》」、亦の名は「飯豊王」（葛城忍海《おしぬみ》之高木角刺宮《つのさしのみや》に坐す）。
（二王子の）姨《おば》「飯豊王」。（清寧記）

③（履中の子）磐坂市辺押羽皇子《いわさかのいちのへのおしはのみこ》、御《み》馬《まのみ》皇子《こ》、「青海皇女《あおみのひめみこ》」、一に曰く「飯豊皇女《いいとよのひめみこ》」。（履中紀元年七月条）

④「飯豊皇女《いいとよのひめみこ》」（角刺宮《つのさし》で与夫初交す）。（清寧紀三年七月条）

⑤ 譜第に曰く、（市辺押磐皇子の子）億《お》計《け》王、更の名は嶋稚子《しまのわくご》、更の名は大石尊《おおしのみこと》。弘《を》計《け》王、更の名は来《く》目稚子《めのわくご》。「飯豊女王《いいとよのひめみこ》」、亦の名は「忍海部女王《おしぬみべのひめみこ》」。（顕宗即位前紀）

⑥（顕宗）天皇の姉「飯豊青皇女」、忍海角刺宮に臨朝秉政し、自ら「忍海飯豊青尊」と称す。……「飯豊青尊」、崩ず。葛城埴口丘陵に葬る。（同右）

①②③では、イイトヨ王はオシハ王の妹で二王子の姨《おば》であり、母の名は黒比売命《くろひめのみこと》（①）・黒媛《くろひめ》（③）だが、⑤⑥では二王子の妹あるいは姉とされ、母は荑媛《はえひめ》である。このように基本的な系譜関係自体が一致しない。また、①は「忍歯王」、②は「忍歯別王」、③は「押羽皇子」とあるように、セットとなって伝えられる人物名の表記が微妙に異なり、それに応じてイイトヨ王の名前もさまざまである。これは、それぞれに対応する別種の系譜伝承・記録があったことを示している。

①～⑥をみると、イイトヨ王の各種の名前で核をなしているのは、〝飯豊〟、〝青（または青海）〟、〝忍海〟の三つであることがわかる。この三種の名前のそれぞれの成り立ちを考えてみよう。

⑥は、「忍海角刺宮《おしぬみのつのさしのみや》」での「臨朝秉政《みかどまつりごと》」と、「忍海飯豊青尊《おしぬみのいいとよのあおのみこと》」と自称したことを記した後に、

倭辺《やまとへ》に　見《み》が欲《ほ》しものは　忍海《おしぬみ》の　この高城《たかき》なる　角刺《つのさし》の宮《みや》

　ヤマトの辺りで見たいものは、忍海の高城（木）にある角刺宮であることよ

という人々の歌を載せ、「葛城埴口丘陵《かづらきのはにくちのおかのみささぎ》」への埋葬記事で終わる。人々に仰ぎみられ

て統治を行った、その拠点たる宮にちなむ名称で、〝忍海〟は、その宮の場所を示す葛城地方の地名である。「忍海部」がその宮に付属した部だとすれば、⑤の「忍海部《おしぬみべ》女王」は、その部を統括ないし伝領した王族女性としての名称ということになる。しかし、この名称を古くからのものとみることには疑問がある。清寧（白髪命《しらかのみこと》）の御名代《みなしろ》として「白髪部《しらかべ》」を設け（雄略記・清寧記・清寧紀二年・継体紀元年）、允恭《いんぎょう》の大后である忍坂大中津比売命《おさかのおおなかつひめのみこと》の御名代として「刑部《おさかべ》」を定める（允恭記）等の記事はあるものの、「＊＊部王」という部名を持つ王は、六世紀半ばから七世紀にかけて集中的にみられる（第四章第2節参照）。これ以前には若日下部《わかくさかべ》王しかおらず（仁徳記）、この王の実体は乏しい。

「忍海部女王」の表記については、別の面からも疑問がある。そもそも、王族女性を「女王・皇女」（ヒメミコ）として、男性王族の「王・皇子」（ミコ）と区別する表記は、七世紀末～八世紀初までは行われていなかった。『古事記』は、「郎女《いらつめ》」または「王《みこ》」を使っていて、編纂時に近い、より確実な時代については男女区別なく「王」である。①の「忍歯《おしはの》王《みこ》」「御馬王《みまのみこ》」「青海郎女《あおみのいらつめ》亦名飯豊郎女《いいとよのいらつめ》」、②の「忍歯別王《おしはわけのみこ》」「忍海郎女《おしぬみのいらつめ》亦名飯豊王《いいとよのみこ》」という表記からも、『古事記』のこうした方式は確認できよう。一方、③④⑥は、新しい表記方法で統一する『日本書紀』の方式にしたがって、「青海皇女《あおみのひめみこ》」「飯豊皇女《いいとよのひめみこ》」「飯豊青皇女《いいとよのあおのひめみこ》」「忍海飯豊青尊《おしぬみのいいとよのあおのみこと》」と記す。これは、本来の伝承では「青海王（ないし郎女）」「飯豊

王（ないし郎女）」「飯豊青王」「忍海飯豊青王」だったものを、編纂時に一斉に「皇女」に書き換えたとみることができる。天皇ないし天皇に準ずる人物の名前には「尊」をつけるのが『日本書紀』の方針である。

⑤は、書紀編纂時にすでに存在した古い系譜記録であるらしい「譜第《ふだい》」を引用した箇所だが、「億計《おけ》王」「弘計《をけ》王」に対して「飯豊女王」「忍海部女王」となっていて、「王」と「女王」の書き分けがある。系譜関係も、『古事記』ではイイトヨはオケ・ヲケ兄弟のオバなのに対して、ここでは兄弟の「姉」である。「姉」とみるのは、⑥に「姉飯豊青皇女」とあるからだが、男女区別なく同母グループごとに長幼の順で記していく古い系譜記載様式のままだとすれば、⑤では姉のイイトヨはオケ王の前に記されるはずである（そこに引かれた一本では、そうなっている）。このように伝承の混乱があり、「女王」でイイトヨの名前を記す⑤には、あとからの手が加えられた形跡が濃厚である。

このようにみてくると、⑥の「忍海角刺宮《おしぬみのつのさしのみや》に臨朝秉政《みかどまつりごと》したまう。自《みずか》ら忍海飯豊青《おしぬみのいいとよのあおの》尊《みこと》と称《なの》りたまう」という自称記事が重要な意味を持つことがわかる。「尊」は『日本書紀』が付けた尊称であるから省いて考えると、彼女は、「（我こそは）忍海の（宮に坐す）飯豊の青なるぞ」と、誇らかに王者としての名乗りをしたのである。「自ら……称す」というところに、この名前に込めた強い思いを読み取ることができよう。ここには「忍海王」

「青（海）王」「飯豊王」という三種の呼び名が総合されている。「忍海」は、さきほども述べたように、宮の所在地を示す冠称である。「青海」は氏族名・地名・神社名としていくつか例が知られるが、⑥の「自称」と崩御記事を見ると、王者名として重要なのは「青海」ではなく「青」であることがわかる。「飯豊の青」こそが、彼女の名前の核心部分であった。「青」についてはあとで述べるとして、まず「飯豊」について考えてみよう。

イイトヨとは何か

「飯豊」という文字をみると、農耕祭祀に関わる名前のようにも見える。しかし、「イイ（ヒ）トヨ」は鳥の名らしい。十世紀前半ごろにできた最古の百科辞書である『和名抄』には、「漢語抄」をひいて「以比止与《いひとよ》」とあり、九世紀末の漢和辞典『新撰字鏡』では「以比登与《いひとよ》、また与太加《よたか》」とある。フクロウのことである。イイトヨ＝ヨタカは古代の人々には身近な鳥であったらしく、『日本書紀』皇極三年三月条には「休留《いいとよ》、豊浦大臣《とゆらのおおおみ》の大津の宅の倉に子産めり」といった記事がみえる。本居宣長『古事記伝』（巻三十八）では、こうした例をあげて、イイトヨ王の名は「鳥の名なり。其鳥に由《よし》ありて、負賜《おいたま》へる御《み》名《な》なるべし」として、これが鳥の名であることを確認している。

イイトヨが鳥の名だとして、そこから私たちは何を読み取ることができるだろうか。

「ふくろうは北方系のシャーマンと補助霊の典型」だとして、彼女の巫女王としての予知能力と二王子発見の物語を結びつける説もある（本位田菊士「五世紀末の王権と古市の天皇陵古墳」）。しかし、「臨朝秉政《みかどまつりごと》」と「自称」を記す『日本書紀』は、二王子の発見と飯豊王を全く関連づけていない。『古事記』でも、二王子を発見して報告したのは針間《はりま》国に宰《みこともち》となっておもむいた山部連小楯《おたて》である。そこに飯豊王の〝告知〟を読み取るのは、解釈過剰のように思える。まずはより広く、この時代の王の名前全体の中でイイトヨの意義を考えるべきだろう。

『古事記』『日本書紀』から知られる大王たちの名は、ながながとした和風諡号から、ごく簡単な実名らしきもの、生前の称号とおぼしきもの、後に机上で作り出された疑いの濃厚な美称などさまざまで、それらを厳密に区別することはむずかしい。しかし大きくいうと、Ⅰ神武（カムヤマトイワレヒコ）から仲哀（タラシナカツヒコ）までの、美称尊称を重ねた後世的な名、Ⅱ応神（ホムタワケ）から継体（オホド）までの簡略な実名、Ⅲ安閑（勾大兄《まがりのおおえ》・広国押武金日《ひろくにおしたけかなひ》）以降の、実名と和風諡号らしき称号の並記、に三区分することができる。清寧〜顕宗の時代として記された「イイトヨ」は、Ⅱの終わりごろに相当する。実年代でいえば、およそ五世紀末にあたる。

この時期の大王の名を見ると、仁徳＝「オオサザキ」、武烈＝「ワカサザキ」は鳥の名である（サザキはミソサザイのこと）。応神＝「ホムタ」は生まれた時の腕の贅肉の形、反正＝「ミツハ」は大きく美しい歯、清寧＝「シラカ」は生まれながらの白髪というように、真偽はともかくとして、記紀に名前の由来が説明されている。いずれも身体的特徴にちなむ名である。伝承上の英雄であるヤマトタケルの名は、倒した相手の勇者から贈られた讃え名で、生まれた時の名は「オウス」である。兄の「オオウス」とセットの名前で、「碓」の大・小を表している。このように、実名にせよ称号名にせよ、短くて、即物的で、単純な命名法である。「イザホ」（履中）・「オホド」（継体）なども具体的な由来はわからないが、それぞれ「由ありて負賜へる御名」（『古事記伝』）なのであろう。

こうした中に「イイトヨ」を置いてみると、この頃の男王と同じタイプの、まったく男女の区別のない名前であることがわかる。王だけではない。『古事記』は「ヲケ」王（顕宗）と豪族との妻争いの歌物語を載せているが、そこに登場する男の名は「シビ」（鮪）、女の名は「オオイオ」（大魚）である。「シビ」の父は「マトリ」（真鳥）で、雄略に求愛された乙女も「アカイ」（赤猪）の名を持つ。イイトヨ王の物語は、ヤマトの王がまだ豪族たちと異なる特別の称号を持たなかった時代、男女区別なく、身近な鳥の名、魚の名、器物の名を名乗り、そのモノと一体化するような呪術的・即物的観念が支配的だった時代、そうした時代の〝女〟の王の伝承なのである。

3　ヤマトの王と土蜘蛛

†土蜘蛛の名前

ここで、第一章でみた『風土記』の「土蜘蛛」たちの名前を、もう一度思い起こして欲しい。表（第一章）を見るとわかるように、〝女〟の「土蜘蛛」は、服属か征討かを問わず、大多数が「＊＊ヒメ」または「＊＊メ」の名を持つ。寸津ヒメ・速津ヒメ・大山田メなどである。それに対して〝男〟の「土蜘蛛」は、打猴《うちさる》・大耳《おおみみ》・黒鷲・草野灰《かやのはい》など、実に多彩で原始的な名である。原始的という意味は、猴・鷲といった獣・鳥の名前、大耳・垂耳や大身といった身体的特色、そして物語的背景を思わせる名称ということである。草野灰などは何か語り伝えられた話があり、その主人公の名であることが推量できよう。グリム童話の、継母によって台所に追いやられた少女＝「灰かぶり」と同様の命名法である。

さて、こうした〝男〟の「土蜘蛛」の名前は、鷦鷯（サザキ）・白髪（シラカ）・瑞歯（ミツハ）・飯豊（イイトヨ）・大魚（オオイオ）といったヤマトの王族・豪族男女の名前と、少しもかわらないことに気がつくだろう。どちらも、鳥獣や魚の名、身体的特徴に因む名である。ヤマトタケルの実名が小碓であること、兄の大碓とセットの名前であることは前節で述べた通りだが、これについて『日本書紀』は、「一日《ひとひ》に同じ胞《え》にして双《ふたご》に生《あ》れませり。天皇《すめらみこと》異《あや》びたまいて、則《すなわ》ち碓《うす》に誥《たけ》びたまいき。故因《よ》りて、その二《ふたはしら》の王《みこ》を号《なづ》けて、大《おお》碓《うす》・小《お》碓《うす》と曰《のたま》う」（景行二年三月戊辰条）という命名由来譚を記している。双子が生まれたので、父親の天皇は不審に思い、碓に向かって叫び声を上げた、それに因んで大碓・小碓と名づけたというのである。物語的背景を持つ名前である。

八世紀前半に成立した『日本書紀』や『風土記』は、朝廷に反抗した者たちを「土蜘蛛」という蔑称で呼んでいる。その一方で、「土蜘蛛」伝承の中に登場するヤマト側の王たちは、「纏向《まきむく》の日代宮《ひしろのみや》に御宇《あめのしたしろ》しめしし天皇《すめらみこと》」（景行天皇）といった、後世風の長々しい尊称で記されている。この尊称と打猴《うちさる》・大耳《おおみみ》といった名前を対比すると、私たちは、ほとんど疑問の余地なく、文明化された朝廷の王者による未開の蛮族の制圧過程として、「土蜘蛛」の話を読み取るだろう。だがそれは、無意識のうちに『日本書紀』や『風土記』編者のねらいにはまってしまうことである。

後世風の諡号《しごう》・尊称をとりのぞけば、五世紀ごろまでのヤマトの王や豪族は、実は、土蜘蛛たちと同質の名前をもっている。ここに目を据えれば、滅ぼした側も、滅ぼされた側も、こうした名前を身にまとうことに強い呪力の働きを見いだす、その意味では共通の宇宙観・自然観にたつ同質の首長たちだったことが、ありありとみえてくるだろう。

名前の同質性に着目することは、ヤマトと「土蜘蛛」の対比の虚構性に目をひらかせるだけではない。〝男〟と〝女〟の区分への深い疑問にもつながっていく。

†イイトヨの「青」

第一章の表を見るとわかるように、〝男〟の「土蜘蛛」の中に「青《あお(を)》」と「白《しろ》」がいる。速津《はやつ》媛《ひめ》に密告された五人の「土蜘蛛」のうちの二人で、「強暴《ちはや》び、衆類《ともがら》も亦多《またさわ》にあり」（強く猛々しくて、大勢の部下を率いていた）と記されている。一方、「青」という名前は、イイトヨの自称である「飯豊の青」のうちにも含まれる、ヤマトの王にとって誇るべき名でもあった。それだけではない。第二章第3節でワカタケルとヒミコの共通性を述べた中で、雄略＝ワカタケルが中国南部の「呉《くれ》」に派遣した使者に関する記事（雄略十四年正月条）を紹介した（第二章3節）。その使者の名前は「身《む》狭村主《さのすぐり》青《あお》」である。「青」は、土蜘蛛にも、ヤマトの女にも、男にも、区別なく共通して使われる名だったことがわかる。

「青」というのはごく単純な名だが、これも当時の観念からすると強い呪力的意味の込められた呼び名だったらしい。有名な天石屋戸《あまのいわやと》神話で、石屋に隠れたアマテラスを外におびきだすために、大きく茂った木の上枝《ほつえ》と中枝《なかつえ》にたくさんの立派な玉と鏡、下枝《しずえ》に「白丹《しらに》寸《き》手《て》・青丹寸手《あおにきて》」をかけて、まるで尊い神の姿のように装ったものをアマテラスにみせつけた。「白丹寸手」は楮《こうぞ》の木皮でつくった糸、「青丹寸手」は麻でつくった糸のことだという（『古語拾遺《こごしゅうい》』・『古事記伝』）。「青丹寸手」が実際に真っ青の色だったわけではなく、「白丹寸手」にくらべるとやや〝青（草）っぽい〟というだけだが、それを「白」（丹寸手）・「青」（丹寸手）と呼ぶことで、荘厳さが演出されているのである。「青」「白」というのは、単純だが力強い、古い時代の首長の名前としてふさわしいものだった。

古い伝承世界の女性統治者「飯豊《いいとよ》の青《あお》」の名は、大王たちと土蜘蛛たち、女と男が同質の支配者だった社会の存在を、私たちにありありと伝えてくれるのである。

†男の名前？　女の名前？

このようにみてくると、土俗的・呪術的な〝男〟の土蜘蛛たちの名とくらべて、〝女〟の土蜘蛛の「ヒメ」名称はまことに不釣り合いで、きわだった違いを認めないわけにはいかない。これをどう考えたらよいのか。女の土蜘蛛の存在そのものが全くの架空ということはあり得ない。それは、第一章で、古墳埋葬の女性首長例や七、八世紀の隼人の女性首長例からも確認した通りである。

では、〝男〟の名前とみえるものの中に実は〝女〟も含まれている、と疑ってみてはどうだろうか。私はこの表を作成するにあたって、「土蜘蛛」を男と女に区分して記載した。女の「土蜘蛛」も大勢いて、男と同じような働きをしている、ということをとりあえず確認するために必要だったからである。しかし、そこに「?」を付しておいたように、登場人物が男か女かを『風土記』の記載だけから判定することは、実はそれほど簡単なことではない。この表に載せた中で、〝女〟である（『風土記』が「女」として描いている）ことが間違いなくいえるのは、「姉妹」での奉仕が明記される常陸国の寸津毗売《きつひめ》、「女人」と書かれている豊後国の速津媛《はやつひめ》、「賢女《さかしめ》郡」（佐嘉郡）の地名起源として描かれた肥前国の「大山《おおやま》田女《だめ》・狭山田女《さやまだめ》」、同じく「嬢子《おみな》山」の地名由来譚となっている「八十女《やそめ》」だけである。

それ以外は、話の内容だけからでは、〝男〟とも〝女〟ともいいきれない。ではどうして女に分類したのかといえば、もっぱら「＊＊ヒメ」「＊＊メ」という、これまで女名前と考えられてきた語尾の有無に頼って判定したにすぎない。しかし、すでにイイトヨの「忍海部女王」の名前が後世的なものであることを述べたところでも少しふれたように（第三章2節）、また第四章で詳しく述べるように、「ヒメ」「メ」が女性名語尾として一般化するのは、七世紀末以降のことである。「ヒメ」「メ」という語尾を除いた、（久津媛↓）「ヒサ」・（五馬媛↓）「イツマ」・（速津媛↓）「ハヤ」を、〝男〟ではなく〝女〟の名前だと、どうしたら断言できるのだろうか。

『風土記』の中でもともと「ヒメ」「メ」を語尾にもたない〝女〟の「土蜘蛛」については、事態はさらにあいまいとなる。一例をあげると、豊後国の小竹鹿奥《しのかおき》・小竹鹿臣《しのかおみ》の場合は、研究者によって男女の判定が異なる。ただ、「キ」「ミ」の語尾を、イザナキ・イザナミと同様に男・女を示すものとみなして、研究者の多くは小竹鹿臣を〝女〟と判定している、というだけのことなのである。

このようにみてくると、伝承世界での〝女〟〝男〟の境界は、きわめてあやふやであることがわかる。私たちは、このあやふやな境界を絶対なものであるかのように受け取って、これまで、「女」の「土蜘蛛」について論じてきたのだ。だが、ひとたびこの境界を疑いの目でながめると、そこには思いもよらない新しい世界が開けてくる。

4 「タケル」は〝男〟か？

†クマソタケルの娘たち

『日本書紀』のクマソ征討の話の中に、「市乾鹿文《いちふかや》・市鹿文《いちかや》」という名前の姉妹が登場する（景行十二年十二月丁酉条）。

熊襲《くまそ》梟帥《たける》、二《ふたり》の女《むすめ》有《あ》り。兄《え》を市乾鹿文《いちふかや》と曰《もう》す。弟《おと》を市鹿文《いちかや》と曰す。容《かたち》既《すで》に端正《きらぎら》し。心《こころ》且《また》雄武《おお》し。重《おも》き幣《まいない》を示《み》せて麾下《おもと》に撝納《めしい》るべし。因《よ》りてその消息《あるかたち》を伺《うかが》いたまいて、不意《おもいのほか》の処《ところ》を犯《おか》さば、曾《かつ》て刃《は》を血《ちぬら》さずして、賊必《あたかなら》ず自《おの》ずからに敗《やぶ》れなん。

訳 クマソタケルには二人の娘がいます。年上（姉）がイチフカヤ、年下（妹）がイチカヤという名前で、美しく、気も強いとのことです。たくさんの贈り物をして、お側に召すと良いでしょう。そして、クマソタケルの動静をうかがわせて不意をつけば、流血もなく賊は敗れるでしょう。

臣下のこの策略をとりいれて、景行は姉妹を側に召し、姉のイチフカヤを寵愛した。イチフカヤは天皇の側につき、父に酒を飲ませて酔わせ、兵士の手引きをしたので、クマソタケルは殺されてしまう。しかし、天皇はその親不孝を責めて、イチフカヤを殺した、という物語である。

ここで注目してほしいのは、姉妹をあらわすのに「エ・オト」という親族名称が使われていることと、「イチフカヤ・イチカヤ」という女性名の語尾「カヤ」あるいは「ヤ」についてである。「エ・オト」については、あとで少し詳しくみることにして、まず「カヤ」・「ヤ」から考えよう。

「二の女《むすめ》有り」と書かれていることからみても、天皇の寵愛を受けるという話の内容からみても、「イチフカヤ・イチカヤ」が女の名前とされていることに疑問の余地はない。そこで「カヤ」・「ヤ」を女性名の語尾の一タイプと考えるとすれば、第一章1節の表の陸奥国の「神石萱」（カムイシカヤ）についても、〝女〟とみる余地がでてくる。八人の土蜘蛛が登場する、この陸奥国風土記逸文の話（第一章1節）の中に、八人の性別をうかがわせる手がかりは、具体的には何もない。それぞれ、一族・部下をひきいて要害に立て籠もり、ヤマトタケルに殺されたという話になっている。表では、とりあえず「ヒメ」の語尾をもつ二人の名前を、〝女〟の欄に記載した。しかし「カヤ」・「ヤ」の語尾にこだわれば、カムイシカヤも〝女〟だったかもしれず、残りの五名の中にも、〝女〟がいないとはいいきれないことになる。

もちろん、「ヤ」の語尾を根拠として、〝女〟だといいきることはできない。〝男〟かもしれない。景行紀のイチフカヤ・イチカヤの話の書き出しは、「襲国《そのくに》に厚鹿文《あつかや》・迮鹿文《さかや》という者有《ものあ》り。この両人《ふたり》は熊襲《くまそ》の渠帥者《いさお》なり。衆類甚多《ともがらにえさ》なり。これを熊襲の八十梟師《やそたける》と謂《い》う。……」となっていて、これを見ると、「アツカヤ・サカヤ」はクマソの勇者で、大勢の仲間・部下(「クマソの八十梟師」)がいたという。溝口睦子氏は、「ヤ」は「市乾鹿文・市鹿文」のように女をさす場合と、「厚鹿文・迮鹿文」のように男をさす場合の両方があり、性別不明の語尾だとしている(「『風土記』の女性首長伝承」)。おそらくそうだろう。ただし私は、名前からは〝女〟とも〝男〟ともいいきれないという、そのことを重視したいのである。考えなければならないのは、名前のタイプから〝女〟〝男〟を判別することの危うさだけではない。名前に性別がなかった時代についての想像力、そして、名前で性別を判定することになれた私たちの感覚が、どのように深く他のジェンダー観とも結びついているか、ということへの自覚が求められているのだ。

†親族呼称としての「弟」

さきほど私は、「アツカヤ・サカヤ」はクマソの勇者（「渠帥者《いさお》」）で、大勢の仲間・部下（「クマソの八十梟帥《やそたける》」）がいた、だから「ヤ・カヤ」は〝男〟の名前でもあると、一応、通説的解釈にしたがって述べた。だが、厳密に言えば、ここに描かれているのは、クマソの「渠帥者《いさお》」であり「梟帥《たける》」である。これは、疑問の余地なく〝男〟だろうか？　雄々しい統率者としての女性首長が各地にいたことは、これまで繰り返し述べてきた通りである。イチフカヤ・イチカヤの姉妹も、「容既端正」であると同時に、「心且雄武《こころまたおお》」しき者たちであった。「タケル」は、本当に男だけとみてよいのだろうか。

ここで、イチフカヤ・イチカヤの物語から取り上げるべきもう一つのポイント、「兄《え》」「弟《おと》」について考えよう。古代の「兄」「弟」の用法は、現代とは全く違っている。古くは、男女それぞれが、自分と同性の年長者をエ、年少者をオトとよび、女性からみた兄弟は長幼と関係なくセ、男性からみた姉妹は長幼と関係なくイモ・モと呼ばれた。女性からみた兄弟姉妹の呼び方＝女称と、男性からみた兄弟姉妹の呼び方＝男称に、明確な区別があったのである。図で表すと次のようになる。

それがしだいに、男称・女称の区別がなくなり、男女どちらからみても、男の年長は兄

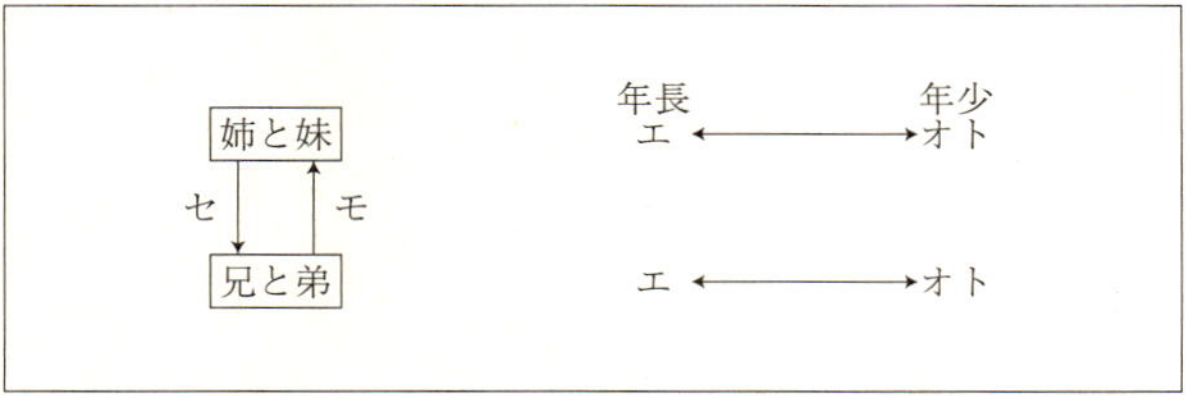

（アニ）、年少は弟（オトウト）、女の年長は姉（アネ）、年少は妹（イモウト）という、現代と同じ用法にかわっていく。『日本書紀』や『風土記』の編纂された八世紀前半は、ちょうどその大きな変わり目にあたっていた。

奈良の正倉院に、八世紀の戸籍がいくつかまとまって残っている。それを見ると、七〇二年の御野《みの》国戸籍では、男からみた姉妹はすべて「妹」、女からみた妹はすべて「弟」字で続柄表記がなされ、例外の一例については記入上の誤りであることが明らかにされている（南部曻「親族呼称の考察」）。伝統的な、男称と女称とが異なる親族名称法にそった書きわけである。だが、七二一年の下総《しもうさ》国戸籍では、男からみた「姉」、女からみた「妹」の表記があらわれ、旧来からの用法と入り交じって使われている。七三〇年代に書かれた法律注釈書（「古記」）には新しい呼称法が書かれており、平安時代の戸籍には男称・女称の区別はもはや見られない。七二〇年代から七三〇年代にかけて、日本人の「兄弟姉妹」名称に変化がおこり、男称・女称の区別が消えていくのである（布村一夫「民族学が国語学と接するところ」Ⅱ)。

『日本書紀』がイチフカヤ・イチカヤ姉妹を「兄《え》」「弟《おと》」と記すのは、書紀編纂時(七二〇年成立)の用法として、正しい表記であることがわかる。

ところが、そうした知識をもって『風土記』をみると、判断の難しい例につきあたる。表では一応、〝男〟の欄にあげておいた、肥前国彼杵《そのき》郡の「健津三間《たけつみま》」である。

……名を速来津姫《はやきつひめ》といいき。この婦女《おみな》の申ししく、「妾《あ》が弟《おと》、名を健津三間《たけつみま》といいて、健村《たけむら》の里《さと》に住《す》めり。この人、美《うるわ》しき玉《たま》有《も》たり。名を石上《いそのかみ》の神の木蓮子玉《いたびだま》という。愛《うつく》しみて固《かた》く蔵《かく》し、他《ひと》に示《み》せ肯《あ》えず」ともうしき。神代直《かみしろのあたい》、尋《たず》ね覓《ま》ぐに、山を超《こ》えて逃《に》げ、落《おち》石《いし》の岑《みね》に走《はし》りき。即《やが》て逐《お》い及《し》きて捕獲《と》り、虚実《いつわりまこと》を推問《おしと》うに、健津三間《たけつみま》の云《い》いしく、「実《まこと》に二色《ふたくさ》の玉有《も》たり。一つは石上《いそのかみ》の神の木蓮子玉《いたびだま》といい、一つは白珠《しらたま》という。礦砆《しゅくふ》に比《たぐ》えつれども、願《ねが》わくは献《たてまつ》りなん」といいき。

大意 ハヤキツヒメが「私の弟のタケツミマが美しい玉を隠し持っています」と告げたので、天皇は神代直に探させた。タケツミマは山を走り逃げたが、捕らえられて玉を献上した。

ここに登場する「健津三間」(タケツミマ)は、これまでは〝男〟と判定されてきた。ハヤキツヒメの語る言葉の中で「弟」といっているのだから、本当に〝男〟ならば、女が同性の年少者＝妹ではなく、異性の年少者＝弟に対して「弟」の語を使っている例ということになる。これまでは、タケツミマ＝〝男〟との理解のもとに、この記事は、『風土記』編纂ごろにおける「弟」語の用法変化を示す早い例とみなされてきた。しかし、「建」（タケル）が男性名だとの前提をとりはらってみれば、話の内容だけからは男女どちらとも決められない。肥前国風土記の成立は、ほぼ天平年間、『日本書紀』編纂の前後と考えられている。とすれば、『日本書紀』の景行紀における「弟イチフカヤ」という表記との共通性を重視して、むしろ〝女〟と判定すべきかもしれないのである。「タケ・ツ・ミマ」、つまり〝猛々しく強い〟ミマとは、男女どちらの土蜘蛛の名前とみてもおかしくない。

†八十梟師・八十女・百八十村君

タケルには男も女もいたかもしれない、と考えてみると、何気なく読んできた伝承が、これまでとは違う色合いを帯びてみえてくる。

『日本書紀』のクマソ征討記事に記された「八十《やそ》タケル」は、これまでは、アツカヤ・サカヤに率いられた〝男〟の勇者たち、と何の疑問もなく受け止められてきた。しかし、この「八十タケル」も、もしかしたら男女の勇者たちだったのかもしれない。イチフカヤ・

イチカヤの物語は、ある勇猛なクマソタケルの娘たちとして語られているが、だからといって、それは全てのクマソタケルが〝男〟だったことを意味するわけではない。

第一章でもとりあげた、肥前国風土記の「八十女《やそめ》」の話は、「嬢子《おみな》山」の地名起源伝承にからめた語りである。もととなる伝承がこの地にあったかどうかは、かなり疑わしい。しかし、立て籠もって戦った女の土蜘蛛たちの話が、どこかで語り伝えられていたとして、はたしてそれは「土蜘蛛八十女」として伝えられていたのだろうか。女のタケルたちが戦った話を、『風土記』編纂時に「嬢子山」とこじつけて「八十女」と書いた、とみる余地が皆無とはいえないと思う。

播磨国風土記には、「百八十《ももやそ》の村君」が村ごとに闘ってやめなかったので、応神天皇が命令を下し、ある村に追い集めて皆殺しにした、という話がある（賀毛郡臭江《くさえ》条）。播磨国風土記としてはめずらしく、女神・男神の物語として牧歌的に土着の首長たちを描くのではなく、ヤマトの統治者の直接の制圧対象として描いた箇所である。

品太《ほむだ》の天皇《すめらみこと》のみ世、播磨《はりま》の国の田《た》の村君《むらぎみ》、百八十《ももやそ》の村君《むらぎみ》ありて、己《おの》が村別《むらごと》に相闘《あいたたか》いし時、天皇《すめらみこと》、勅《みことのり》して、この村《むら》に追《お》い聚《あつ》めて、悉皆《ことごと》に斬《き》り死《ころ》したまいき。

ここにいう「田の村君」（耕作の指揮者）である「百八十の村君」（大勢の首長たち）とは、開墾を先導し、自分の村に水を引こうとして知恵を絞り、強力を奮って土地占め争いをした、女神・男神たちの姿と重ねあわせても、少しも違和感がない。播磨国風土記には「土蜘蛛」は登場せず、それは語り手の語り方の問題であるという、第一章で述べたことを思い起こせば、血なまぐさく殺された「百八十の村君」とは、他の風土記で「土蜘蛛」として描かれる「八十梟帥」や「八十女」とも重なる存在であることが、了解されよう。「百八十村君」は男だけだったと考えるとすれば、むしろ、その方が不自然なのではないか。

ヤマトの伝承の〝女〟王イイトヨから、〝女〟であったかもしれない土蜘蛛・タケル・村君まで、「ヒメ」「メ」名称の自明性を疑うことからは、伝承読み直しの無限の可能性が開けてくる。

第四章

ジェンダー記号としての「ヒメ」を読む

奈良県三輪山の西麓に前方後円のきれいな形を見せる箸墓古墳。三世紀半ば～後半の築造とされ、成立期のヤマト王権にかかわる最古の古墳である。『日本書紀』がこの墓の主として伝えるヤマトトトヒモモソヒメは、はたして巫女だったのだろうか。〔写真提供：梅原章一写真事務所〕

1 「ヒメ」のはじまり

†「ミコ」と「ヒメミコ」

『古事記』は、「イイトヨ王」、「オシハワケ王」（イイトヨの兄）というように、男女の王族を区別なく「＊＊王」という形で記している。これは『古事記』の表記法で、『日本書紀』では、イイトヨは「飯豊青皇女」、オシハワケ王は「押磐皇子」である。

『古事記』における女の王族の称号をみていくと、「歴代順に時代をおってはじめに「命」、次に「郎女」、最後に「王」と、称号を使いわけている」（川副武胤「古事記女性称呼考」）。つまり、編纂時に近い、より確実で現実的な時代については、男女区別なく「王」と表記しているのである。当時の訓みとしては「ミコ」だろう。〝御子〟の意味である。それに対して『日本書紀』は、古い時代から男女の王をすべて「皇子」「皇女」に厳密に書き分けている。訓みとしては、男は「ミコ」、女は「ヒメミコ」となる。『古事記』は、七世紀の終わりごろに天武天皇の命令で撰録が開始され、和銅五（七一二）年に太安万侶《おおのやすまろ》の手によって完成した。一方の『日本書紀』は、養老四（七二〇）年にできあがった勅撰の歴史書である。ほぼ同時代に書かれた両書におけるこの明白な違いは、何を意味するのだろうか。

木簡に記された王名

近年、飛鳥京や平城京から多量の木簡が出土し、古代の王族が当時、実際にどのように呼ばれ、書かれていたのかがはっきりしてきた。木簡は、日常的なメモ・連絡手段として木の板に文字を書き記したものである。したがって、そこからは日常的な、口語の世界での用法を知ることができる。それによると、『日本書紀』『続日本紀』といった公式の歴史書では「大伯《おおく》皇女」「竹野《たかの》女王」「山方《やまかた》女王」などと記される女性が、少なくとも八世紀前半まで、日常的には「大伯皇子」「竹野王子」「山方王子」「山方王」と書かれていたことがはっきりした（東野治之「長屋王家木簡の文体と用語」）。訓みとしては「大伯のミコ」・「竹野のミコ」「山方のミコ」である。こうした訓みは、平安時代の仮名表記でもひきつづき見られる。男女を区別しない「＊＊ミコ」の用法は、伝統的で根強いものだったのである。『古事記』は、この伝統的な実際の用法を、書式として採用したことがわかる。

　私たちは長らく「皇女＝ヒメミコ」の語を使い慣れてきた。しかしこの場合の「ヒメ」は、男女共通の「ミコ」のうち、〝女〟だけに新たに付されたジェンダー記号だったのである。『古事記』と『日本書紀』における表記方針の明白な違いは、七世紀末～八世紀初という時期が、まさにそうした記号化の転換点にあたることを雄弁に物語るといってよいだろう。実際に使われていた伝統的な用法を書式として採用した『古事記』に対して、公式歴史書としての『日本書紀』は、新たな意味を担って成立した「皇子《みこ》」と「皇女《ひめみこ》」の区別を過去に遡って適用し、それまで語り伝えられていた「＊＊王《みこ》」の名を、男女で区別した称号に書き換えたのである。

　このことは、称号の区別だけにとどまらない。古来、有力な王族（「ミコ」＝御子）は、男女を問わず独自の宮（「ミヤ」＝御屋）を経営し、人・土地を領有してきた（仁藤敦史『古代王権と都城』）。令制下においてもこの伝統はすぐにはなくならず、少なくとも八世紀前半までは、男女がそれぞれに宮の経営を行っている。だが、新たに法制化された官僚制度という面からみると、男の親王＝「ミコ」には任官の途が開かれ、教師役の「文学《ふみのはかせ》」も配されるのに対し、女の内親王＝「ヒメミコ」には任官の機会はない。一品《いっぽん》、二品《にほん》という品位《ほんい》（ランク）にもとづいて支給される禄も、男の半分と定められた。旧来の性別区分のない身分呼称であった「ミコ」に「ヒメ」記号が加わったことは、公的制度での男女区分の明確化、差異の設定と対応しているのである。

†「比売朝臣」・「ヒメトネ」

貴族・豪族女性の称号についても同じことがいえる。七世紀末以前の成立と推定される「広瀬大忌祭《ひろせのおおいみのまつり》」「竜田風神祭《たつたのふうじんのまつり》」の祝詞《のりと》では、ヤマト朝廷の古くからの直轄地であった「倭六御県《やまとのむつのみあがた》」の「刀禰《とね》男女」が生産物を神前に捧げる姿が語られる。「刀禰男女」＝男女首長である。しかしのちの律令制下では、朝廷に奉仕する男性官人の総称が「トネ」、後宮に仕える女性宮人《くにん》が「ヒメトネ」と、明確に区分されるようになる。

豪族層男女は、それぞれの経営の拠点となる宅（ヤケ）を所有し、ヤマト朝廷の職務を分掌してきた。「氏々男女」として朝廷に奉仕した人々をさす古称が、「トネ」である。しかし、八世紀初以降の新たな体制の下では、男が官人＝「トネ」として太政官——諸司百官内に確実な地歩を占めるのに対し、女は後宮の宮人＝「ヒメトネ」として、空間的にも機構的にも区分される。八世紀の宮人たちはさまざまに重要な政治的役割を果たしてはいるものの、かつての「刀禰男女」「氏々男女」の奉仕とは、職務編成のありようは明確に異なるのである。そこから、政治的地位としての重要性にも、やがて大きな差が生まれてくる。男女間に設定されたこの明白な〝差異〟を示す記号、それが「ヒメ」だった。

長屋王家木簡の中に、「女旦臣」（旦臣＝朝臣）という、変わった表記がみられる。これは、粟原寺塔露盤銘《おうばらでらとうろばんめい》や『諸寺縁起集』中の薬師寺旧資財縁起帳にみえる「比売朝臣」と同様に「ヒメトネ」と読み、八世紀前半ごろの限られた期間に行われた表記だったらしい（東野治之「大宝令前の官職をめぐる二、三の問題」）。新たに成立した「ヒメトネ」の称に対応する表記が、まだ「宮人」に一定しなかった段階の表記だろう。男女共通の「朝臣」身分の中での「ヒメ」、という意識がうかがえる表記法である。

†戸籍の「メ」と男女区分

では、庶民女性の場合はどうなのだろう。七世紀末〜八世紀初に、全国的制度としての戸籍が確立する。第二章第2節であげた戸籍例（第二章2節）をみてもわかるように、そこでは公民身分の女性は、例外なく、一律に「＊＊メ（女・売）」の名で登録されている。約二千名にもおよぶ現存奈良時代戸籍の女性人名が、一つの例外もなく「メ」の接尾辞を持つというのは、不自然で人為的な操作を感じさせるに充分だろう。毎年作成された租税台帳である計帳でも、事情はかわらない。

ところが、同じ奈良時代作成の公的台帳であっても、「陸奥国戸口損益帳《むつのくにここうそんえきちょう》」とよばれているものをみると、そこでは、十名ほどの女性名の全てに「メ」がない。女性名に「メ」をつけるか否かは、その資料の性格と作成者（役人）の作成方針の違いであって、社会的通称としての実際の女性名の問題ではないことがよくわかる。しかも、戸籍の女性名から「メ」を取り除いてみれば、「小屎《おぐそ》」メと「小屎」、「百枝《ももえ》」メと「百枝」、「猪手《いて》」メと「猪手」といった具合に、戸籍上の男性名と共通する名称が少なくない。実態としては男女共通の名前であったものに、戸籍上で女にだけ「メ」を付したと推定できるのである。

戸籍は、中央集権支配を可能にする、租税徴収・兵士徴発のための基礎台帳である。律令租税制度において、成人男性は人頭税としての調・庸を納め、兵士役・雑徭《ぞうよう》などの力役負担を負う。しかし、調・庸として収められる布や各種の特産物は、実際には男女の労働の成果であり、律令制以前には、部民制支配のしくみを通じて集団的に貢納されていた。力役も、実際には男だけのものではない（服藤早苗「古代の女性労働」、義江明子「古代の家族と女性」）。男女を交えた集団労働が行われ、その成果も集団的に貢納されるのであれば、男女個々人を厳格に台帳上で識別する必要は生じなかったろう。

しかし、律令租税制のもとでは、納入の窓口はあくまでも一人一人の〝男〟である。奴婢についても、男女で法制上の扱いは異なり、戸籍上の婢の名前にはすべて「メ」がついている。つまり、戸籍上の女性名に接尾辞として付加された「メ」は、それまで集団として存在していた人々の一人一人について、生物的に男・女の区分（セックス）を判定し、それを公的負担上での〝男〟〝女〟の区分（ジェンダー）に転化・明示する記号なのである。

とりわけ、租税制以上に男女ではっきり異なる国家的負担は、兵士役の有無である。戸籍は、七世紀末の全国的な徴兵制度施行にともない、まずはそのための台帳として作成された。それまでは、戦いの場に女がいることは特別のことではなかった（関口裕子「日本古代の戦争と女性」）が、律令制以後は〝兵士＝男〟が制度として定まり、戦場の女は兵士を支える女として〝隠れた〟存在となる（義江明子「戦う女と兵士」）。戸籍上で名前に「メ」を持つ人間は、兵士となりえない者＝〝女〟であり、名前に「メ」を持たない人間は、兵士となるべき者＝〝男〟という区分が、ここに明確に設定されたのである。

†『風土記』の「ヒメ」

『風土記』が編纂されたのは、まさにこの転換点の直後である。〝兵士＝男〟の制度が整い、〝男〟と〝女〟の差異が普遍的なものとして設定され、「ヒメ」「メ」が女性名に一斉に付加される、そうした時代に、「土蜘蛛」や「女神」「男神」の伝承は文字として書きとどめられた。

第一章で述べたように、『風土記』では、荒々しく戦い滅びた「土蜘蛛」の姿を、ほとんど男女同質のものとして描きだしながら、名前では〝女〟の「土蜘蛛」にだけアンバランスな「ヒメ」名称がみられる。一方、「ヒメ」名称を持たない「土蜘蛛」の中にも、話の内容からは女の混じっている可能性を否定しきれない。また、土俗の首長の姿を「女神」「男神」の話として描く播磨国風土記においては、「女神」たちの多くは「ヒメ」の名を持つものの、「男神」との活動内容の違いはほとんどない。これらのことは皆、もともとの話では男女名の区別のなかったものに、ある段階以降、〝女〟に「ヒメ」名をつけた結果なのではないだろうか。この呼び換えの対象からもれた者は（実際には女だったとしても）、「ヒメ」「メ」名称をもたない名前で筆録されたので、私たちの目には〝男〟としてしか見えないことになったのである。

2　画期としての額田部王

†日の御子たち

五世紀後半のワカタケル（雄略）に関わる二つの金石文、埼玉県稲荷山古墳《いなりやまこふん》出土鉄剣銘《てつけんめい》と熊本県江田船山古墳《えたふなやまこふん》出土大刀銘《たちめい》によって、このころにはヤマトの王に対する「大王」の称号が成立していたことが確認された。前者の鉄剣銘には「獲加多支鹵《わかたける》大王の寺、斯鬼《しき》の宮《みや》に在る時、吾《われ》、天下を左《たす》け治《おさ》む」、後者の大刀銘には「天《あめ》の下　治《したしらしめ》しし獲《わ》□□□《（かたけ？）》鹵《る》大王の世、奉□典曹人《てんそうじん》、名は无《む》□弖《て》」とある。中国の皇帝から「王」に任命された支配者に対する、その支配圏内での尊称が「大王」であり、朝鮮諸国の王も「大王」を称した。

一方、大王および大王の継承資格を持つヤマトの有力な王たちは、他の豪族たちとの関係では「日《ひ》の御《み》子《こ》」と自らを位置づけていたらしい。『古事記』の仁徳天皇の段には、長命伝承で知られる建内宿禰《たけしうちのすくね》と天皇との、次のような歌のやりとりが載せられている。

〔天皇〕

たまきはる　内《うち》の朝臣《あそ》　汝《な》こそは　世《よ》の長人《ながひと》　そらみつ　倭《やまと》の国《くに》に　雁卵生《かりこむ》と聞くや

長生きで世にしられた建内宿禰よ。そなたは、ヤマトの国で雁が卵を産むと聞いたことがあるか。

〔建内宿禰〕

高光《たかひか》る　日《ひ》の御子《みこ》　諾《うべ》しこそ　問《と》ひたまへ　まこそに　問ひたまへ　吾《あれ》こそは　世《よ》の長《なが》人《ひと》　そらみつ　倭《やまと》の国《くに》に　雁卵生《かりこむ》と未《いま》だ聞《き》かず

日の御子よ、お尋ねはもっともです。長生きの私も、ヤマトの国で雁が卵を産むとは聞いたことがありません。

この歌では、天皇は、臣下から「高光る　日の御子」（空高く光り輝く日の御子）と呼びかけられている。『日本書紀』の仁徳五十年三月丙申条にも同様の記事があって、そこでは「高光る　日の御子」の部分は「やすみしし　我《わ》が大君《おおきみ》」となっている。『古事記』景行天皇の段には、尾張のミヤズヒメの歌として「高光る　日の御子　やすみしし　我が大君……」があり、この物語の中では、「高光る　日の御子」とはヤマトタケル（景行の子）のことである。

「日の御子」とは、蘇我氏の人々を「蘇我《そが》の子《こ》」（『日本書紀』推古二十年一月条）といい、大久米主《おおくめぬし》を始祖とする大伴氏の人々を「久米の子《くめのこ》」（『日本書紀』神武即位前紀）というのと同様の用法で、「日」を称する一族の者という意味であるらしい（義江明子「古代の「人」・「子」」）。次の例からは、自称としての「日」の用法がわかる。

倭《やまと》は　そそ茅原《じはら》　浅茅原《あさじはら》　弟日《おとひ》　僕《やつこ》らま

ヤマトは茅原のそよそよとした国である。その浅茅原ヤマトの国の弟にあたる「日」であるぞ、私は。

（『日本書紀』顕宗即位前紀）

これは、第三章でとりあげたイイトヨ王の物語の一部で、下僕として播磨国に身をひそめていたオケ・ヲケ兄弟（オシハ王の子、第三章1節系図参照）のうち、弟のヲケが人々の前で自らの身分を明かす場面である。同じ場面が、『古事記』と『風土記』にもみえる。

天《あめ》の下治《したおさ》め賜ひし　伊邪本和気《いざほわけ》の天皇《すめらみこと》の御子《みこ》　市辺《いちのべ》の押歯王《おしはのみこ》の奴末《やつこすえ》

青垣《あおがき》の　山投《やまと》に坐《ま》しし　市辺《いちべ》の天皇《すめらみこと》が　御足末《みあなすえ》　奴僕《やつこ》らま

（『古事記』清寧天皇段）

天下をお治めになったイザホワケ（履中）天皇の御子の市辺オシハ王の子孫であるぞ、いやしい私は。

うるわしいヤマトの宮にいらっしゃった市辺天皇（オシハ王）の子孫であるぞ、いやしい私たちは。

（『風土記』播磨国美嚢《みなぎ》郡条）

「弟日《おとひ》」の「日《ひ》」は、天皇の「末《すえ》」「御足末《みあなすえ》」、つまり王位継承資格を持つ一族を意味することがわかる。オケ・ヲケ伝承においては、ここで弟のヲケが堂々と「日」の名乗りをしたことが、兄弟の発見→王位継承者としての都からの迎えにつながったとして、功労者である弟が兄に先だって即位する、という話につながっていく。

†推古＝「アメタリシヒコ」をめぐって

倭の五王の最後の一人ワカタケル（雄略）が、中国の南宋に遣使して順帝の昇明二年（四七八）に安東大将軍・倭王に任じられてよりのち、約百二十年ほどの間、倭王による中国遣使の記録はない。その間に、大王号の確立、氏姓制・国造制・部民制といった国内支配体制の進展が図られ、朝鮮諸国との間では、軍事を含む複雑な外交関係の展開があった。長い中断のあと、隋の文帝開皇二十（六〇〇）年に派遣された倭国の使者は、「倭王の姓は阿毎《あめ》、字《あざな》は多利思比孤《たりしひこ》、号して阿輩鶏弥《あほけみ》《おほきみ》」と告げた（『隋書』倭国伝）。アメタリシヒコ（天から降った、あるいは天の権威を帯びた）という称号は、天孫降臨神話の原型がこの頃には成立していたことをうかがわせる。倭国独自の神話を背景とする名乗りが、中国皇帝に対して示されたのである。ヒミコや倭の五王とは違い、七世紀の倭王は、倭王への任命を中国皇帝にもとめようとはしなかった。

この時の天皇は、推古天皇である。そこから、ヒコ＝彦というのは男をさすのだから推古天皇にはあてはまらないという疑問が出され、遣隋使を派遣したのは男の聖徳太子だろう、さらには実際に大王としての政治を行ったのは聖徳太子＝厩戸皇子に違いない、といった説も生まれた。しかしこれは、「アメタリシヒコ」の「ヒコ」を男性名接尾辞＝「彦」と置き換えるところから生まれる疑問にすぎない。「アメタリシヒコ」を、「高光る日の御子」を名乗ってきた大王一族の洗練された称号、形成されつつある天孫降臨神話を背景として成立してきた新たな称号と理解すれば、これを男に限定しなければならない理由はない。『隋書』倭国伝には、あとのところで「王の妻は鶏弥《けみ》《きみ》と号す」という記述があり、ここから倭王は男だったと見なされることも多い。しかし、第二章で『魏志』倭人伝の読み直しのところで「大人の妻」に関して述べたことと同様に、これは「王の姓と称号は何か、王妻の称号は何というか」という中国側からの一般的質問に対する答えであって、この時の個別の倭王が男か女かという議論とは関わりのない事柄である。

六〇〇年の使者は、文帝から倭国の風俗を尋ねられて、次のように答え、文帝は「これ太《はなは》だ義理なし」（道理に合わないやり方だ）といって改めさせたという。

> 倭王は天《てん》を以《も》って兄となし、日《ひ》を以《も》って弟となす。天未《いま》だ明けざる時、出《い》でて政《まつりごと》を聴《き》き、跏趺《かふ》して坐《ざ》す。日出ずれば便《すなわ》ち理務を停《とど》め、我が弟に委《ゆだ》ねんと云う。
>
> 訳 倭王は天を兄、日を弟としている。夜が明けないうちに正殿にいでまして政治を行い、あぐらをかいて坐る。夜が明けると政務をやめ、「あとは弟にまかせよう」という。

自らを「日」の一族とし、半ば太陽と一体化した存在とみなすような、呪術的な統治が中国の皇帝によって否定されたのである。煬帝《ようだい》の大業三年（六〇七）に派遣された小野妹《おののいも》子《こ》を送って、翌年に飛鳥に到った隋使裴世清《はいせいせい》は、当時の倭国としては目一杯整えた外交儀礼によって盛大に迎えられた。第二章第1節で外交儀礼の変遷を述べた際にふれたように、推古天皇の小墾田宮《おはりだのみや》では、これに先だって宮内での儀礼所作が中国式の立礼《りつれい》に改められ、それまで外国の使者は王宮には入れなかった慣例を改めて、裴世清は小墾田宮の庭中にまで詣り、国書を奉呈した。豪族たちは、推古十一年（六〇三）制定の冠位十二階にのっとって、冠と髻花《うず》（頭にさす飾り）をつけ、整然と朝庭に立ち並んだ（『日本書紀』推古十六年八月壬子条）。大王を頂点とする官人序列の存在が、中国からの使者の前に示されたのである。推古は、倭国の王が、呪術的王から文明化された王に転換する、その転換を主導した大王だったといえよう。

†イイトヨ王と額田部王の断層

推古というのは奈良時代半ば以降の呼び名であるから、当時の実名でいうと額田《ぬかた》部王《べのみこ》である。第三章でみてきた伝承上のイイトヨ（＝フクロウ）王とは、全く違うタイプの王名であることに注意して欲しい。こうした部名王名は、推古だけではなく、石上部王《いそのかみべのみこ》・穴穂《あなほ》部王《べのみこ》・泊瀬《はつせ》（長谷）部王《べのみこ》など、蘇我系の同母姉妹を母とする彼女の兄弟姉妹たちに特徴的にみられる。

六世紀前半以降、男女の有力王族の経済基盤となる部が、それぞれの宮に奉仕するものとして設定され、大小の豪族がトモ（伴）・トモノミヤツコ（伴造）としてそれらを統括する体制が形づくられていく。支配機構を分掌・統括する王族群が成立し、王権支配は新たな段階に入るのである。イイトヨ（梟）・サザキ（鷦鷯・雀）・シビ（鮪）・マトリ（真鳥）・オオイオ（大魚）といった、鳥獣の名前を持つ五世紀までの王たち・豪族たちとは全く異質の、部名王名の成立の背景には、王権支配の大きな飛躍があった。蘇我氏はこの動きを主導し、強大な勢力を築いていった。

そのように見た時、『古事記』に記された崇峻（推古の弟）の「長谷《はつせ》部若雀《べのわかさざき》」という名は、まことに示唆的である。新しいタイプの王名である部名と旧来の鳥獣名を複合した名称は、六世紀半ば〜七世紀初にかけて相ついで即位した推古たち姉弟が、他の豪族たちと共通する呪術的支配者の段階から、支配機構の頂点にたつ王へと脱皮する転換点に位置することを、象徴的によく示しているといえよう。『古事記』（ふるごとのふみ）は「豊御食炊屋比《とよみけかしきやひ》売命《めのみこと》」（推古）で筆を止め、『日本書紀』は推古の時のこととして「天皇記《すめらみことのふみ》及《およ》び国記《くにつふみ》、臣連伴造国造百八十部并《おみのこむらじとものみやつこくにのみやつこももあまりやそとものをあわせ》て公民《おおみたから》等《ども》の本記《もとつふみ》」の選録を伝えている（推古二十八年是歳条）。転換点に立っているとの自覚をもって過去の歴史を振り返った時代、それが推古の時代だった。奈良時代半ばに選定された漢風諡号「推古」は、奈良時代の人々が彼女をそのような大王として理解していたことを、何よりも雄弁に物語っている。

世襲王権の確立も継体・欽明朝以降のことである。これ以前には複数の王統があり、有力な王位継承候補者の中で、呪的能力も含む統治能力にすぐれた資質をもつ者が、豪族たち（「群臣」）に推挙されて大王となった。「応神五世の孫」を称して越前から大和入りした継体（男大迹王《をほどのみこ》）も、「枝孫《みあなすえ》を妙《くわ》しく簡《えら》ぶに、賢者《さかしきみこ》は唯《ただ》し男大迹王ならくのみ」（王位継承資格者の中から十分に吟味して選んでみると、賢者はヲホド王だけだ）として、「群臣」に推挙されて即位した（『日本書紀』継体即位前紀）。「群臣」による推挙という王位選定のシステムは、自律的に後継者を定めようとする王権側とのせめぎあいのなかで、七世紀後半にいたるまで王位継承方式の基調をなしたのである（吉村武彦「古代の王位継承と群臣」）。

継体・欽明以降の、六、七世紀の大王およびその周辺の王族は、異母兄妹婚を含む極端な近親婚を繰り返している。第二章でも述べたように（第二章2節）、近年の古代家族・婚姻史研究によって、日本の古代社会は本来、父系原理ではなく、父方母方双方と密接な関わりをもち、政治的地位や財産も双方から受け継ぐ双系（双方）的社会だったことが、明らかになってきた。六世紀以降、頻繁にくりかえされた王族の近親婚は、こうした社会にあって、濃い〝血〟を持つ世襲王統を確立するとともに、個別の宮を拠点とする王族〝家産〟の結集を実現していく途でもあった（義江明子「系譜様式論からみた大王と氏」）。そこでは、「群臣」に大王として推挙される資格においても、宮の相続・経営主体としても、男女の王《みこ》に基本的な違いはみられない。

額田部王（推古）は、こうした王権の転換点にあって、異母兄敏達の后となり、異母弟の崇峻の死後、正式に即位し、その後、三十六年（『古事記』では三十七年）の長きにわたって天下を治め、七十五歳で亡くなった。彼女の死後、山背大兄王《やましろのおおえのみこ》と田村王《たむらのみこ》（のちの舒明）の王位継承争いは、「群臣」による推古の「遺詔」解釈をめぐって紛糾した（『日本書紀』舒明即位前紀）。推古は長年の統治実績による権威をもって、王位継承方式が「群臣」推戴から先帝意志重視へと向かいはじめる、その転換を方向づけた王なのである（義江明子「古代女帝論の過去と現在」）。

†讃え名「トヨミケカシキヤヒメ」をめぐって

額田部王にはもう一つの名前がある。それがトヨミケカシキヤヒメである。『日本書紀』推古即位前紀には次のように書かれている。

> 豊御食炊屋姫天皇《とよみけかしきやひめのすめらみこと》は、天国排開広庭天皇《あめくにおしはらきひろにわのすめらみこと》の中女《なかつみこ》なり。橘豊日天皇《たちばなのとよひのすめらみこと》の同母妹《いろど》なり。幼《わか》くましますときに額田部皇女《ぬかたべのひめみこ》と曰《もう》す。……年十八歳にして、立《た》ちて渟中倉太玉敷天皇《ぬなくらのふとたましきのすめらみこと》の皇后《きさき》となる。三十四歳にして、渟中倉太玉敷天皇崩《かむあが》りましぬ。三十九歳にして、泊瀬部天皇《はつせべのすめらみこと》の五年の十一月に当《あた》りて、天皇《すめらみこと》、大臣馬子宿禰《おおおみうまこのすくね》の為に殺《し》せられたまいぬ。嗣位《みつぎのくらい》既《すで》に空《むな》し。群臣《まえつきみたち》、渟中倉太珠敷天皇の皇后額田部皇女に請《もう》して、令践祚《あまつひつぎしらせまつ》らんとす。
>
> 訳 トヨミケカシキヤヒメはアメクニオシハラキヒロニワ＝欽明（と蘇我の堅塩《きたし》媛《ひめ》との間）の二番目の娘で、タチバナノトヨヒ＝用明の同母妹である。幼名を額田部王という。十八歳の時に、異母兄ヌナクラノフトタマシキ＝敏達の皇后となった。三十四（二？）歳の時に、敏

達が亡くなり、三十九歳の時に、異母弟崇峻が蘇我馬子に殺されて、皇位が空白になってしまった。そこで群臣は、敏達の皇后である額田部王に、皇位につくようにと請うた。

ここにみられるアメクニオシハラキヒロニワやヌナクラノフトタマシキといった、壮麗で長々しい名前は、死後に贈られるいわゆる和風諡号である。天皇に和風諡号をつける慣行は、六世紀に入ってから、欽明の異母兄弟である安閑《あんかん》・宣化《せんか》のころに始まったとされている（和田萃「殯の基礎的考察」）。トヨミケカシキヤヒメも、そうした諡号（死後の贈り名）の一つと見られがちだが、「幼くましますときに額田部皇女と曰す」という記述からすると、長幼の境は天皇位についた時点であるらしい（長久保恭子「「和風諡号」の基礎的考察」）。「群臣」から奉呈された讃《たた》え名、それがトヨミケカシキヤヒメなのである。

「豊御食炊屋」という字からは、あたかも農耕祭祀に関わる名前のようにみえる。しかし、『大安寺縁起』を見ると、大安寺造営への献身を誓った「仲天皇《なかつすめらみこと》」（天智の姉妹？）の言葉として「炊女《かしきめ》として造り奉らん」とあり、この場合の「炊女」の語は、仏教興隆への献身を、仏・僧侶への食事供献で象徴するものとなっている。トヨミケカシキヤとは、仏教興隆に尽くした推古に対する讃え名だったのではないか（義江明子「推古天皇の讃え名〝トヨミケカシキヤヒメ〟を巡る一考察」）。

『日本霊異記』の冒頭第一話は、ワカタケル＝雄略の時のこととして語られているが、実は雄略朝にかぶせる形で、推古朝を「王権と仏教の歴史の始まり」とする明確な構想に貫かれている。そこからは、仏教を軸とする文明化の起点・画期として、推古が奈良から平安初期の人々の意識に定着していたことがうかがえるのである（義江明子「〝雷神を捉えた話〟と推古天皇」）。推古は、過去の歴史を振り返り一区切りをつけるともに、文明化に向けて着実に踏み出した大王であった。

では、この讃え名に含まれる「ヒメ」の意味は何だろうか。さきほど示したように、『日本書紀』は「群臣、渟《ぬ》中倉太珠敷《なくらのふとたましき》天皇《すめらみこと》の皇后額田部皇女に請《もう》して、令践祚《あまつひつぎしらせまつ》らんとす」と述べる。推古は、皇后の地位にある人物として、群臣の推戴をうけ、即位したのである。推古が敏達の「大后《おおきさき》」となったころから、大王と並ぶ共同統治者としての皇后の政治的地位が確立し、経済的基盤としての私部《きさいべ》も整えられた（岸俊男「光明立后の史的意義」）。その背景には、世襲王権の確立と近親婚がある。推古は、大王の娘にして皇后たる大王として、歴史に記録される最初の女帝となった。皇后の地位にあった大王、それを表す称号が讃え名に含まれた「ヒメ」の意味だ、と私は考える。推古以後の七世紀の女帝たちも、皇極＝斉明が天豊財重日足姫《あめとよたからいかしひたらしひめ》（実名は宝王《たからのみこ》）、持統が高天原広野《たかまのはらひろの》姫《ひめ》（実名は鸕《う》野讃良《ののささらの》王《みこ》）というように、「ヒメ」の称号を諡《おくりな》ないし讃《たた》え名のうちに持っている。皇極は舒明の皇后、持統は天武の皇后を経て即位した天皇である。

皇極＝斉明は、『日本書紀』に記された「狂心《たぶれこころ》の渠《みぞ》」（斉明二年是歳条）といった批判の言葉から、無駄な土木工事に人民を駆使した女帝として、支配者としての資質に疑問があるかのような議論が、これまではなされてきた。しかし、近年の飛鳥石神《いしがみ》遺跡およびその周辺に広がる整然とした遺構配置は、皇極＝斉明の行ったさまざまな土木工事が、外来思想をとりいれつつ壮大な国家儀礼を創出しようとする、七世紀後半の統治者としての真剣な試みであったことをよく示している。持統についても、『日本書紀』の記述を批判的に詳しく検討していくと、夫天武のあとを継いで息子草壁の皇位継承のために尽力したという、これまでの「妻」・「母」イメージとは異なり、実力で王権を奪取した王者だったこと、それはそのころまでの王位継承のあり方の伝統に沿う行動だったことが明らかになる（義江明子「古代女帝論の過去と現在」）。

世襲王権確立の動きの中で、血統と資質にすぐれた「ミコ」の一人として即位した男女同質の大王の側面（アメタリシヒコ）と、皇后という公的地位の権威（ヒメ）を兼ね備えた〝女〟の統治者、そのはじまりが推古だった。ここにも、イイトヨ王と額田部王の大きな断層をみることができよう。こうした前史のうえに、七世紀末～八世紀初には、女性皇族・王族の一般的称号としての「ヒメミコ」が定まる。八世紀の女帝たちは、草壁の妃だった元明が「日本根子《やまとねこ》天津《あまつ》御《み》代豊国成姫《しろとよくになりひめ》」、その娘で未婚のまま即位した元正が「日本根《やまとね》子高瑞浄足姫《こたかみずきよたらしひめ》」というように、后位にあったかいなかにかかわらず、一律に「ヒメ」の諡号を持つ。古代最後の女帝で、皇太子の地位をへて即位した孝謙（即位前は阿倍内親王《あへのひめみこ》）＝称徳には和風諡号はなく、淳仁に譲位した時に百官が奉った中国風の尊号は「宝字称徳《ほうじしょうとく》孝謙皇帝《こうけんこうてい》」である。

†ヒミコは「姫子」か？

ここで話を卑弥呼にもどそう。「卑弥呼」の表記と訓みについてはさまざまな説があるが、本居宣長（『馭戎概言《ぎょじゅうがいげん》』）が「卑弥呼は、姫児《ヒメゴ》と申す事にて……」として以来、「ヒミコ」＝「ヒメコ」（姫子・児）説が有力である。『魏志』倭人伝の注釈書の中には、この解釈を自明のものとして、「卑弥呼」の横に（姫子）と注記するものもある。しかし、これは女性称号「ヒメ」を古来のもの、古代の普遍的女性名接尾辞と信じて疑わないところから生まれた解釈である。本書でここまで述べてきたところからすれば、「卑弥呼《ひみこ》」＝「姫子《ひめこ》」説が成りたたないことは、あまりにも明らかであろう。

倭人伝によれば、倭女王卑弥呼と鋭く対立していた狗奴《くな》国の男王の名前は「卑弥弓呼《ひみくこ》」だという。これについても、文字の記載順に誤りがあり、正しくは「卑弓弥呼」（ヒコミコ）で、「彦御子」の意味だとの説が、何人かの研究者によって唱えられてきた。「ヒメ」＝女、「ヒコ」＝男をさすのだから、男王の名前が「卑弥弓呼」（ヒミクコ）では話があわない、「ヒコミコ」の誤りに違いない、というわけである。しかし私は、こうした安易な並べ替えには賛成できない。倭人伝の筆者が、漢字による表記の上で書き分けた「卑弥呼」と「卑弥弓呼」の二つの名前をみれば、両者に共通する名前の構成要素は「卑弥呼」＝「ヒ・ミ・コ」であること、そこに「弓」＝「ク」をさらに付加したものが後者の名前であることがわかる。

『魏志』倭人伝の人名表記は、当時の倭人の発音を、中国の史家である筆者が書きとめたものであり、「卑弥呼」「卑弥弓呼」をどう読むべきかは、正確には確定できない。「弓」については「キュウ」と読む説もある。しかし、次にも述べるように、倭の古い首長名や神名は、もともとは単純な基幹語の組み合わせからなっていたと考えられ、通説のように「ク」の訓みが妥当と思う。その場合、「ク」は、イザナギ・イザナミの生んだ「木の神、久久能智《くくのち》神」（『古事記』上）の神名にもみられるように、自然の強い霊的力を表す基幹的和語の一つ「ク」であろう。「ククノチ」とは「木の霊」（大殿祭祝詞注）であり、「木の祖」（『日本書紀』神代上）である。また、「ミ・コ」の間に「ク」が入ることからみて、この「ミコ」は「御子」ではなく（もちろん「巫女」でもなく）、「ク」と同様に何らかの強い霊的力を示す「ミ」と、「コ」（集団のメンバーをあらわす意味での「子」）と考えられる。「ミ」（二つ重ねて強調すると「ミミ」）は、大山祇（オオヤマツミ＝山を支配する神）や忍穂耳（オシホミミ。皇祖）の「ミ」であり、それ自身が神霊で、神霊と通じることのできる半神半人の存在をもさし、さらにそこから首長の称号の一部をなす基幹語となったとされる（溝口睦子「記紀神話解釈の一つのこころみ（上）」）。倭人伝が書きとどめた邪馬台国連合のクニグニの官名にも、「弥弥《みみ》」「弥弥那利《みみなり》」がある（第二章2節末尾）。「ヒ」は「日の御子」「弟日《おとひ》」の「日」であり、「産霊《むすひ》」の「霊」に通じるものでもあろう。「ヒミコ」とは、「ヒ」と「ミ」という強い霊的力を意味する二つの基幹語に接尾辞の「子」を組み合わせた王の称号を、女王の個人名であるかのように記したもの、とみるのがもっとも妥当だと思う。

「卑弥呼は「日子」「ひのみこ」の義にて姫子に非ず」との主張は、すでに明治二十六年に吉田東伍（『日韓古史断』第三編）によってもなされている。しかし、それが何を意味するのかについての追究はなく、たんに卑弥呼＝日御子とみているようである。私は、右に述べたように、卑弥呼＝「日の御子」ではなく、「ヒ」・「ミ」・「コ」とみる。「ミ」は、「ク」と同様に、称号の重要な構成要素の一つである。このように、「ヒ・ミ・コ」と「ヒ・ミ・ク・コ」を同質の称号とみることによって、三世紀においては、「ヒ」は各地の首長が名乗っていた称号であること、四世紀以降、のちのヤマト朝廷の王につらなる政治勢力が「ヒ」を独占し、「日の御子」を名乗りはじめ、天孫降臨神話の完成にいたる、という歴史的推移もみえてくるのではないか。

では、男女共通の王の称号であった「ヒ」・「コ」が、いつ、倭王権の内部で男王の名前の接尾辞としての「彦」となるのだろうか。

天皇の和風諡号一覧をながめると、「ヒコ」を諡号のうちに含む男の天皇は、実在性の乏しいとされる初代神武～十四代仲哀までに集中している。そして、現在の歴史学においてほぼ実在の可能性が高いとみなされている十五代応神以降は、簡単な実名だけの王たちがつづき、和風諡号の慣行が成立したとされる二十七代安閑以降の男王の中で、諡号のうちに「ヒコ」を持つのは、七五六年に亡くなった聖武天皇だけである。この頃にはすでに和風諡号は衰退気味で、聖武は死後ただちには出家の故をもって諡号は贈られず、娘の孝謙にたいする尊号奉呈とあわせて、天平宝字二（七五八）年八月に中国風尊号「勝宝感《しょうほうかん》神聖武皇帝《しんしょうむこうてい》」と和風諡号「天璽国押開豊桜彦尊《あめしるしくにおしはらきとよさくらひこのみこと》」を奉られた。王権を構成する男女の王に贈られる称号として、〝男〟＝「ヒコ」、〝女〟＝「ヒメ」の使い分けが確立するのは、七世紀末～八世紀前半の、『古事記』『日本書紀』の編纂作業の中においてであったと推定しておきたい。

こういったからといって、もちろん私は、古くからの人名タイプの一つとして「ヒコ」や「ヒメ」があったことを否定するつもりはない。ただ、もっとも古層の男女一対の称号とみることには、はなはだ懐疑的にならざるを得ないのである。種々の氏族系譜や伝承に「祖」として記される「＊＊ヒコ」「＊＊ヒメ」の名前にも、こうした視点からの批判的分析を加えていく必要があるのではないだろうか。

3　倭迹迹日百襲姫の真実

†ヤマト・ト・ト・ヒ・モモソ・ヒメの名が語るもの

『日本書紀』は、崇神天皇の時のこととして、次のような不思議な話を伝えている（崇神十年九月是後条）。現在も奈良県三輪山の麓に美しい姿を見せている、最古級の大型前方後円墳箸墓《はしはか》の築造にまつわる話である。

この後《のち》に、倭迹迹日百襲姫命《やまとととひももそひめのみこと》、大物主神《おおものぬしのかみ》の妻《みめ》と為《な》る。然《しか》れどもその神、常に昼は見えずして、夜のみ来《きた》す。倭迹迹姫命《やまとととひめのみこと》、夫《せな》に語《かた》りて曰《い》わく、「君、常に昼は見えたまわねば、分明《あきらか》にその尊顔《みかお》を視《み》ること得《え》ず。願《ねが》わくは暫留《しましとどま》りたまえ。明旦《くるつあした》に、仰《あお》ぎて美麗《うるわ》しき威儀《みすがた》を観《み》たてまつらむと欲《おも》う」と。大神《おおみかみ》対《こた》えて曰《のたま》わく、「言理灼然《ことわりいやちこ》なり。吾《われ》、明旦《くるつあした》に汝《いまし》が櫛《くし》笥《げ》に入《い》りて居《お》らん。願わくは吾《わ》が形《かたち》にな驚《おどろ》きましそ」とのたまう。爰《ここ》に倭迹迹姫命《やまとととひめのみこと》、心《こころ》の裏《うち》に密《ひそか》に異《あやし》ぶ。明《あ》くるを待《ま》ちて櫛笥《くしげ》を見《み》れば、遂《まこと》に美麗《うるわ》しき小蛇《こおろち》有《あ》り。その長《なが》さ大《ふと》さ衣紐《したひも》の如《ごと》し。則ち驚きて叫啼《さけ》ぶ。時《とき》に大神《おおみかみ》恥《は》じて、忽《たちまち》に人《ひと》の形《かたち》と化《な》りたまう。その妻《みめ》に謂《かた》りて曰《のたま》わく、「汝《いまし》、忍《しの》びずして吾《われ》に羞《はじみ》せつ。吾還《かえ》りて汝《いまし》に羞《はじみ》せん」とのたまう。仍《よ》りて大虚《おおぞら》を践《ほ》みて、御諸山《みもろのやま》に登《のぼ》ります。爰《ここ》に倭迹迹姫命《やまとととひめのみこと》仰《あお》ぎ見て、悔《く》いて急居《つきう》。則《すなわ》ち箸《はし》に陰《ほと》を撞《つ》きて薨《かむさ》りましぬ。乃《すなわ》ち大市《おおち》に葬《はぶ》りまつる。故《かれ》、時人《ときのひと》、その墓《はか》を号《なづ》けて、箸墓《はしのみはか》と謂《い》う。この墓《はか》は、日《ひる》は人作《ひとつく》り、夜《よる》は神作《かみつく》る。故、大坂山《おおさかやま》の石《いし》を運《はこ》びて造《つく》る。則ち山《やま》より墓《みはか》に至《いた》るまでに、人民相《おおみたからあい》踵《つ》ぎて、手逓伝《たごし》にして運ぶ。

大意　その後、ヤマトトトヒモモソヒメは大物主神の妻となった。神は夜だけくるので、「顔をみたい」とヒメがいったところ、神は翌朝、ヒメの櫛箱の中に小さい蛇の形で入っていた。驚かないという約束を破ってヒメが叫んだので、神は人の形になり、怒って大空を踏んで山に戻っていった。ヒメは後悔して山を仰いで坐ったとたんに、箸が性器に刺さって死んでしまった。
大市（現在の桜井市北部）に葬った。その墓を箸墓という。墓は、昼は人が作り、夜は神が作った。大坂山の石を、人民が手から手へと渡して運び、造ったのである。

この話の中で、大物主の妻となり、ホトを衝いて亡くなり箸墓に葬られたヤマトトトヒモモソヒメは、孝霊天皇の子とされており、崇神天皇からみると大オバに当たる。箸墓にまつわる話の前に、ヒメが神懸かりして大物主の言葉を告げ、また、武埴安彦《たけはにやすひこ》の謀叛を告げるという記事があり、ヤマト王権初期の偉大な巫女というイメージが定着している。ヤマトトトヒモモソヒメという壮大な名前も、そうした偉大な巫女を讃えるにふさわしいかのようである。しかし、これまで本書でみてきたところからわかるように、壮大な名前ということは、それが本来の伝承にはなかった、あとから付けられた名前であることの証拠でもある。この女性の本来の名前は何だったのだろうか。

ヤマトトトヒモモソヒメは、『日本書紀』と『古事記』で、また『日本書紀』の中でもさまざまな名前で登場する。壮大な名前を構成する要素のいくつかが略されて、さまざまな形をとるのである。ヤマトトトヒモモソヒメは、その全ての要素が出そろった、一番長い名乗りである。これをわかりやすいように、個々の要素で区分しながら整理し、記事の概略もあわせて示すと、次のようになる。

『日本書紀』
・孝霊二年二月
倭迹迹日百襲姫命　　やまと・と・と・ひ・ももそ・ひめ・みこと
・崇神七年二月辛卯

神明倭迹迹日百襲姫命　かみ・やまと・と・と・ひ・ももそ・ひめ・みこと

天皇が神浅茅原《かむあさじはら》で八十万神《やそよろずのかみ》に卜問《うらとい》。ヒメに大物主《おおものぬし》が神懸かり、大田田根子《おおたたねこ》を告知。

・同八月己酉

倭迹速神浅茅原目妙姫　やまと・と・はや・かむ・あさじはら・まくわし・ひめ

男臣二人と共に、夢で、大田田根子に神を祭らせよとの神託を受ける。

・同十年九月甲午

倭迹迹日百襲姫命　やまと・と・と・ひ・ももそ・ひめ・みこと

天皇の姑《おば》。聡明で未然を知る力があり、武埴安彦《たけはにやすひこ》の謀反を告げる。

・同右是後

倭迹迹日百襲姫命　やまと・と・と・ひ・ももそ・ひめ・みこと

倭迹迹姫命（三箇処）　やまと・と・と・ひめ・みこと

大物主の妻となるが、ホトを突いて死に、箸墓に葬られる。

『古事記』

・孝霊天皇段

夜麻登登母母曾毘売命　やまと・と・ももそ・ひめ・みこと

これをみると、「ヤマト」の「ヒメ」という抽象的な讃え名が骨格にあり、そこに、「ト」という、意味は不明ながら何か強い働きを示すらしい語が、一つあるいは二つ繰り返され、さらにそのあと、「ヒメ」との間に種々の称号的名称であるらしい「ヒ」「モモソ」「神・アサジハラ」いった名称が付加される、という構造になっている。〝「ヤマト」＋「ト」あるいは「トト」＋「ヒメ」〟が、ヤマトの高貴な王族女性の称号的名称としてワンセットのまとまりをなしていることは、ヤマトトトヒモモソヒメの妹としてみえる「倭迹迹稚屋姫」＝ヤマト・トト・ワカヤ・ヒメの名前からも推量できる。「モモソ」は、『おもろさうし』にみえる古琉球の神女の名前「百度踏登《ももとふみあがり》」（英雄アマワリの妻）とも、何か類似性を感じさせる。〝永くつづく〟という意味での讃え名なのだろう。「アサジハラ」は崇神七年の記事で、崇神が八十万神に「卜問」をする神聖な場所が「神浅茅原」であり、そのあと、神がヤマトトトヒモモソヒメに憑《つ》いて託宣をするのである。

では「ヒ」は何だろうか。「ヤマト」＋「ヒメ」の間に付加された種々の讃え名の中に埋もれてしまいそうな「ヒ」、時には「ヤマト」＋「トト」＋「ヒメ」という称号だけで呼ばれて消え失せてしまいがちな「ヒ」、これこそ「日の御子」につながる「ヒ」であり、本来は、この女性の称号の中核をなすものだったのではないか。

ふたたび和風諡号に目をやると、六世紀の安閑以降、七世紀末まで、つまり大王・天皇を讃えるという諡号の機能がもっとも機能していた時代には、安閑＝「広国押武金日《ひろくにおしたけかなひ》」、用明＝「橘豊日《たちばなのとよひ》」、舒明＝「息長足日広額《おきながたらしひひろぬか》」、皇極＝「天豊財重日足姫《あめとよたからいかしひたらしひめ》」、孝徳＝「天万豊日《あめよろずとよひ》」というように、「ヒ」を諡号の根幹に持つ王たちが少なくない。ヤマトトトヒモモソヒメの名前も、こうした大王＝「日の御子」たちの祖の一人として、和風諡号が成立する六世紀以後に、「ヒ」の前後に美称・尊称を連ねた女性名として造型されたのではないだろうか。

現在、私たちの知る名前が造型されたのが六世紀以後だとしても、それは、箸墓に葬られた人物までが机上の産物だということには、もちろんならない。箸墓古墳は、考古学上の重要な遺跡として、厳として存在する。初期王権の本拠地に比定される纏向《まきむく》遺跡に隣接する立地、周辺に分布する大型前方後円墳の中での古さ、全国的にみた時の墓制様式上の画期性など、あらゆる面からみて、これがヤマト王権成立期の始祖的王の墓であることは動かない。朝廷の手でまとめられた最初の正史である『日本書紀』が、その墓に葬られた人物を、女性と伝えているのである。そのことの重要性に、もっと正面から目を向けるべきだろう。私たちに求められているのは、ヤマトトトヒモモソヒメという後世的美称に目を奪われず、また、『日本書紀』の描く偉大な大神の妻という巫女像を鵜呑みにすることなく、この古墳に葬られた始祖的女性の真実に迫ることなのである。

†「巫女」の死と皇祖神アマテラス

さきに紹介した箸墓にまつわる話は、『風土記』などにもよくみられる神婚伝承の一つである。〝見知ら男と乙女の婚姻↓乙女の妊娠↓生まれた子は神の子の正体をあらわし昇天↓以後、一族が祭祀者となりこの神を祭る〟というのが、ほぼ共通する話の流れとしてみられる。ただ、そのようにみた場合、箸墓伝承は、ほかの話から大きく変容している。乙女は神の子を生まず、みずから「ホト」を衝いて死んでしまうのである。『風土記』から、地方の小豪族の神婚伝承(A)と、朝廷に仕えた大豪族の神婚伝承(B)をとりあげ、箸墓伝承との共通性と違いをはっきりさせてみよう。

(A) 常陸国風土記那賀郡くれふし山の話(大意)

昔、怒賀《ぬか》ヒコ・怒賀ヒメの兄妹がいた。ある日、見知らぬ男がやってきて妹に求婚し、夜通っては朝帰る日々がつづく。やがて妹は妊娠し、生まれのは「蛇」だった。蛇は急速に成長して、養いきれなくなった母は子に〝立ち去って父のところに行け〟と告げる。従者を伴うことも拒絶されて怒った子は、伯父(怒賀ヒコ)を「震殺《ふるいころ》」して天に昇ろうとするが、母が投げつけた盆《ひらか》に妨げられて、この峯にとどまった。子孫が社を立てて、祭りつづけている。

(B) 山城国風土記逸文賀茂社の話（大意）

昔、玉依《たまより》ヒコと玉依ヒメの兄妹がいた。ある日、ヒメは川に流れてきた「丹塗矢《にぬりや》」を拾って「床《とこ》の辺《へ》に挿《さ》し置《お》」いたところ、妊娠し、男の子を生んだ。男の子が成人すると、外祖父（玉依ヒメの父）は神々をあつめて宴会をし、その子に〝父に酒を飲ませよ〟といった。子は酒坏《さかつき》を上に向け、屋根を破って天に升《のぼ》っていった。これが、賀茂（上《かみ》）社の祭神別雷神《わけいかずちのかみ》である。丹塗矢の正体は乙訓《おとくに》郡の火雷神《ほのいかずちのかみ》だった。母の玉依ヒメは父母とともに御《み》(三)井《い》社（のちの下《しも》社）に祀られている。玉依ヒコは、賀茂社を祀る賀茂県主《かものあがたぬし》一族の遠祖《とおつおや》である。

このように、小地域の名もない小豪族(A)にあっても、のちの葛野郡一帯を掌握した大豪族である賀茂県主一族(B)にあっても、伝承の骨組みは驚くほど似ている。見知らぬ男の通いには、古代の婚姻習俗の反映が明らかに見られる。男が通ってくるという話になっていない場合も、「丹塗矢」という男性の性的シンボルや「床の辺に挿し置」くというヒメの動作で、生殖儀礼が暗示されている。生まれた子が「蛇」＝「雷神」の正体を顕《あらわ》し、天に昇っていくのは、これが豊かな水の恵みを願う農耕儀礼を土台に持つ神話だからである。地域の人々に豊かな恵みをもたらすと信じられた神を、男女の生殖儀礼をベースとする神事によって祀ることが、支配者の条件の一つだったことを、これらの神婚伝承はよく物語っている。

注目すべきこととして、(A)の怒賀ヒメには、巫女の要素はほとんどない。子を一族として受け入れるかどうかを決め、兄（子からみれば伯父）を殺して出ていこうとする子に「盆《ひらか》」を投げつけてその破壊を押しとどめた姿からは、播磨国風土記の「女神」たちにも通じる、女性首長のおもかげがみてとれるのではないか。「子孫」が祭りつづけたというのも、ヒメの子孫なのかヒコの子孫なのか、はっきりとはさせない書き方である。(B)の大豪族の話では、ヒメは神の母、ヒコは祭祀者＝支配者の祖へと、男女の位置づけの違いがより明確な話に整えられている。しかし、この伝承の土台には賀茂社で毎年繰り返された御阿礼《みあれ》神事があり、そこでは賀茂県主《かものあがたぬし》一族の男女神職者が、ミアレ儀礼をとり行って御子神《みこがみ》を誕生させる。神婚伝承に登場する女性＝ヒメを、神の通いを受ける巫女とのみ理解してきたこれまでの解釈は、再検討の余地があると思う（義江明子「玉依ヒメの実像」『日本古代の祭祀と女性』）。

いずれにしても、神の誕生と、生まれた（威力を更新させた）神に対する祭りは、祭祀者たる豪族の政治支配の由来を語るものとして、神婚伝承には不可欠の要素である。にもかかわらず、箸墓伝承には、肝心の御子神誕生の部分がない。見知らぬ男の通いがあり、「蛇」＝雷神（「大虚を践みて登る」）という神格が示され、「ホトを衝く」という性交を暗示する要素も備えながら、その行為によってヒメは死んでしまうのである。

三輪山の神をめぐる神婚伝承は、『日本書紀』『古事記』の中だけでも種々形を代えて記されていて、複雑な様相をみせている。『古事記』神武段では、大物主神《おおものぬしのかみ》が「丹塗矢《にぬりや》」となって川を流れ下り、セヤダタラヒメのホトを突く。驚いたヒメはその矢を「床《との》の辺《へ》」に置いたところ、矢は美しい「壮夫《おとこ》」に姿をかえ、生まれた女子が初代天皇神武の后となる。また、崇神段では、大物主神は見知らぬ「壮夫」として活玉依《いくたまより》ヒメのもとに通い、生まれた子＝オオタタネコは、大物主神を祭る神主となる。『日本書紀』にも、オオタタネコが大物主神の子であることが示されているが、神婚伝承はなく、それは箸墓をめぐるヤマトトトヒモモソヒメの話に譲る形となっている。

このように繰り返し繰り返し大物主神をめぐる神婚が語られることは、それだけ初期のヤマト王権にとって、三輪山への信仰が大きな意味をもっていたことを示す。そして、『風土記』にみる大小豪族の神婚伝承と異なり、生まれた子が神として祭られるのではなく、初代天皇の后とされたり、天皇の命令で大物主神を祭る神主とされたりするのは、王権の伸張の過程に応じて、さまざまにもとの伝承が作り替えられていく様相を物語っているのであろう。神の子が誕生しない箸墓伝承は、その最後の変容として位置づけられるのではないだろうか。

さて、いうまでもなく、天皇統治の歴史は、『古事記』『日本書紀』によれば天孫ホノニニギの降臨に始まる。ホノニニギの父であるオシホミミは、アマテラスが弟スサノオと争った時に、互いに「宇気比《うけひ》」（誓約）をして成した子である。スサノオがアマテラスの髪につけていた珠を噛んで吹き棄《す》てた気吹《いぶき》の狭霧《さぎり》に「成れる神」がオシホミミで、アマテラスは、「物実《ものざね》、我《あ》が物に因《よ》りて成《な》れり。故《かれ》、自《おのずか》ら吾《わ》が子ぞ」（私の身につけた物から生まれたのだから、吾が子だ）といって、オシホミミを自分の子とするのである。つまりオシホミミは、生殖によらずして「生《あ》れし」子である。天孫降臨神話の本質の一つは、他の豪族とは異なり、〝統治の由来を神婚伝承によっては語らない〟というところにあるのだ。

三輪山の神にまつわる神婚伝承の最終的転換の過程には、天孫降臨神話の成立だけではなく、皇祖神アマテラスの設定、伊勢神宮の創立、斎王の制度など、さまざまな要素がからみあっていることが想定される。その過程の全てを見通すことは不可能に近い。ただ、箸墓伝承を記す崇神紀が、それに先だつ崇神六年条に、それまでは「天皇《すめらみこと》の大殿《みあらか》」の内に祭っていた天照大神《あまてらすおおみかみ》と倭 大国魂《やまとのおおくにたま》の二神を「神《かみ》の勢《みいきおい》を畏《おそ》りて」外に出し、天照大神はトヨスキイリヒメに託《つ》けて倭《やまと》の笠縫邑《かさぬいのむら》に祭り、倭 大国魂 神《やまとのおおくにたまのかみ》はヌナキイリヒメに託《つ》けて祭らせたという、伊勢神宮と大倭《おおやまと》神社の起源説話を配していることは、『日本書紀』の構想の問題として見落とせない点である。

近年、新しい年代測定法の導入によって、弥生時代の終わり、古墳時代の始まりが、これまで考えられていたよりも繰り上がり、箸墓の造営年代が、『魏志』倭人伝の記すヒミコの没年（二四七～二四九年ごろ）と重なる可能性が高まってきた。そこから、箸墓の主はヒミコだとする説が強く唱えられるようになってきている（白石太一郎『考古学と古代史の間』ほか）。この説の当否については、考古学を専門としない私には、何ともいえない。ただ、箸墓に葬られているのがヒミコであるにせよ、そうでないにせよ、大事なことは、ヤマト王権の始祖的王の墓が女性の墓として伝承されている、ということである。その伝承の主であるヤマトトトヒモモソヒメにかぶせられた、偉大な巫女としての何重ものヴェールをはがし、後世に付加された美称・尊称をとりのぞいたところに、「ヒ」を称した女性支配者の姿がかすかにうかがえることを、最後に確認するにとどめたい。

終章　卑弥呼像の創出

†神功皇后＝ヒミコ説の描く女性統治者とは

よく知られているように、『日本書紀』の編者は、気長足姫尊《おきながたらしひめのみこと》＝神功皇后《じんぐうこうごう》が『魏志』倭人伝の記す「倭女王」ヒミコに当たるとみなし、年代設定の基本的枠組を構想している。神功皇后摂政紀（『日本書紀』巻九）の中で、前後の脈絡なく挿入された次の三条がそれである。

三十九年。是年《ことし》、太歳己未《つちのとのひつじ》。魏志《ぎし》に云《い》わく、明帝《めいてい》の景初《けいしょ》の三年の六月、倭《わ》の女王《じょおう》、大夫《たいふ》難斗米等《ら》を遣《つかわ》して、郡《こおり》に詣《いた》りて、天子に詣《いた》らんことを求《もと》めて朝献《ちょうけん》す。太守《たいしゅ》鄧夏、吏《り》を遣《つかわ》して将《い》て送《おく》りて、京都《けいと》に詣《いた》らしむ。

四十年。魏志《ぎし》に云《い》わく、正始《せいし》の元年に、建忠校尉梯携《けんちゅうこういていけいら》等を遣《つかわ》して、詔書印綬《しょうしょいんじゅ》を奉《たてまつ》りて、倭国《わのくに》に詣《いた》らしむ。

四十三年。魏志《ぎし》に云《い》わく、正始《せいし》の四年、倭王《わおう》、復使大夫《またつかいたいふ》伊聲者掖耶等《ら》八人《やたり》を遣《つかわ》して上献《しょうけん》す。

神功皇后＝ヒミコ説は、その後も中世の『日本書紀』注釈書にひきつがれ、北畠親房《きたばたけちかふさ》の『神皇正統記《じんのうしょうとうき》』をはじめとする史書も同様であった。近世の儒学者松下見林《まつしたけんりん》の『異称日本《いしょうにほん》伝《でん》』や新井白石の『古史通或問《こしつうわくもん》』でもその点はかわらない。国学者の本居宣長は、『馭戎《ぎょじゅう》慨言《がいげん》』の中で「一女子あり云々とは、まさしく息長帯姫尊《おきながたらしひめのみこと》の御事を、三韓などより、ひがごとまじりに伝へ聞奉りて、かけるもの也」と述べ、朝鮮を通じた不正確な情報を誤解したもので、実は九州地方の女酋だったとしながらも、神功皇后＝ヒミコという『日本書紀』の設定自体は否定していない。ヒミコ＝神功皇后説が正面から否定され、ヒミコについての議論が本格的にはじまるのは、近代になってからであった（佐伯有清「卑弥呼像の変遷」『魏志倭人伝を読む』下）。

しかし、私がここで本書の最後に述べようと思うのは、ヒミコと伝説の神功皇后を結びつけることに、史実としての根拠があるか否かということではない。また、ヒミコが実際には九州地方の女酋の一人にすぎなかったか否か、ということでもない。八世紀前半に成立した『日本書紀』がヒミコを神功皇后に結びつけたという、そのこと自体の意味するところを、そこに含意されている女性像という観点からとりあげたいのである。

神功皇后は、『日本書紀』によれば、豊かな「宝《たから》の国《くに》」を手にいれよ、という神託をうけて、朝鮮を征服したとされる女性である。神の教《おしえ》に従おうとしなかった夫の仲哀《ちゆうあい》天皇が突然の死を遂げた後、皇后は臨月（胎中《はらなか》の子はのちの応神《おうじん》天皇）の身で武装して、自ら軍衆・軍船を率いて海を渡り、新羅王を服属させ、朝貢の誓いをたてさせた。その姿を、『日本書紀』神功摂政前紀は次のように描きだしている。

皇后《きさき》、便《すなわ》ち髪《みぐし》を結分《あ》げたまいて、髻《みずら》にしたまう。因《よ》りて、群臣《まえつきみたち》に謂《かた》りて曰《のたま》わく、「夫《そ》れ師《いくさ》を興《おこ》し衆《もろもろ》を動《うごか》すは、国《くに》の大事なり。安《やす》さも危《あやう》さも成り敗れんこと、必に斯《これ》に在《あ》り。今《いま》征伐《う》つ所《ところ》有り。事《こと》を以《も》て群臣《まえつきみたち》に付《さず》く。若《も》し事成らずは、罪《つみ》群臣《まえつきみたち》に有らん。是《これ》、甚《はなは》だ傷《いた》きことなり。吾婦女《われたおやめ》にして、加以《また》不肖《おさな》し。然《しか》れども暫《しばら》く男《ますらお》の貌《すがた》を仮《か》りて、強《あながち》に雄《お》しき略《はかりこと》を起《おこ》さん。上《かみ》は神祇《あまつかみくにつかみ》の霊《みたまのふゆ》を蒙《こうぶ》り、下《しも》は群臣《まえつきみたち》の助《たすけ》に藉《よ》りて、兵甲《つわもの》を振《おこ》して嶮《たか》き浪《なみ》を度《わた》り、艫船《ふね》を整《ととの》えて財土《たからのくに》を求む。若《も》し事成《な》らば、群臣、共《とも》に功《いさおしきこと》有り。事就《な》らずは、吾独《ひとり》罪有れ。既《すで》にこの意《こころ》有り。それ共に議《はか》らえ」とのたまう。
……時《とき》に皇后《きさき》、親《みずか》ら斧鉞《おのまさかり》を執《と》りて、三軍《みたむろのいくさ》に令《のりごと》して曰《のたま》わく、……。時《とき》に、適《たまたま》皇后《きさき》の開胎《うむがつき》に当《あた》れり。皇后、則《すなわ》ち石を取りて腰《みこし》に挿《さしはさ》みて、祈《いの》りたまいて曰《もう》したまわく、「事《こと》竟《お》えて還《かえ》らん日に、茲土《ここ》に産《あ》れたまえ」ともうしたまう。

大意　皇后は髪を分けて束ねたミズラに結い、群臣たちに「軍を動かすことは国の大事である。群臣にまかせてうまくいなかったならば、罪は群臣にあることになり、それは忍びないことである。私は女性ではあるが、男装してすすんで計略をめぐらそう。群臣の助けによって、兵を興し海を渡り軍船を整えて宝の国を得るのだ。成功したならば、ともに群臣の功績であり、失敗したならば私の罪だ。よく協議せよ」といった。……皇后は自ら斧と鉞を手にとって全軍に命令を下した。……その時、皇后は臨月だったので、石を腰に挟み、「戦が終わって戻ってきた日にここで生まれよ」と祈り、(出征した)。

いうまでもなく、神功皇后の物語は史実ではない。新羅を服属させたいという、倭国支配層の長年にわたる願望が造りあげた伝説である。右にあげた文章にも、中国の史書からかりた定型表現・語句が多く含まれている。しかし、『日本書紀』が描き出した造型として眺めれば、そこに描かれているのは、

① 神の言葉をきく力をもつ
② 武装して軍隊を率い、戦の先頭にたつ
③ 征服によって支配領域を広げ、国を富ます
④ 妻であり、母となった女性

である。『日本書紀』の編者は、こうした女性像を『魏志』倭人伝のヒミコと重ねあわせることに何のためらいも持たなかったのだ。

しかし、これまでの私たちのヒミコに関する常識からすると、これはおかしなことではないか。『日本書紀』の編者は、当然、『魏志』を読んでいる。それを手元において参照しながら、さきにあげたような注記を書き加えていったのである。その時、「鬼道《きどう》を事《こと》とし、能《よ》く衆を惑《まど》わす。年《とし》、已《すで》に長大なるも、夫壻《ふせい》無し。男弟有りて国を佐《たす》け治む。王と為《な》りて自《よ》り以来、見《み》ること有る者少なし」という、本書の冒頭にもかかげた倭人伝のヒミコに関する叙述は、編者がヒミコを神功皇后に重ねあわせる上での支障にはならなかったのだろうか。『日本書紀』の注記のありかたは、明らかに、それが少しも不都合とは考えられていなかったことを示している。つまり、倭人伝のこの記述は、『日本書紀』編者にとっては、現代の私たちが、そして近代以後の古代史研究者の圧倒的多数が解釈してきたような、呪術的な〝見えない王〟ヒミコを意味するものではなかったのである。

第二章第3節で、〝見えない王〟ヒミコと〝戦う王〟ワカタケルの共通性をめぐって、外国からの使者には王は会わないのが倭国の外交儀礼の伝統であったということ、その伝統を克服して、中国風の外交儀礼を整えた天皇がはじめて外国の使者と対面したのは、八世紀初の文武天皇の時だったと述べたことを思い出して欲しい。『日本書紀』の編纂が行われたのは、まさにその頃である。彼らにとって、昔の倭王が（男にせよ、女にせよ）外国の使者に会わないことは、あまりにも当然のことだった。また、王が王たる限り、日常的行動に制約を負い、それによって逆に権威化をはかっていくのは、男女をとわず、普遍的な方式である。『魏志』倭人伝の「王と為りて自り以来、見ること有る者少なし」を、外交儀礼の場でのこととみるにせよ、王としての日常的行動をさすとみるにせよ、いずれにしてもそれは、神功皇后のように武装して外国に攻めていくという行動と、少しも矛盾するものではなかった。奈良時代の貴族たちにとって、ヒミコを、特別に神秘的な女王だとみなすべき理由はなかった。

同様に、「女の道」を知ったイイトヨ王を、古い時代の無視しえない女性統治者の伝承として書きとどめた『日本書紀』の編者は、倭人伝の「年、已に長大なるも夫壻無し」というヒミコの姿も、ことさらに、神に仕える処女を意味するものとは受け取らなかった。だからこそ、妻であり、妊娠中の身で出征した神功皇后を、ヒミコに重ね合わせて怪しまなかったのである。『日本書紀』が描く神功皇后像としてさきに示した①〜④のうち、①②③は、これまでも繰り返し述べてきたように、男女の王に共通する資格・行動である。狗奴国の男王との戦い、その戦いに優位を占めるための中国魏王朝との外交交渉も、神功皇后が行った「三韓征伐」や忍熊《おしくま》王との戦いと同様の意味で、当然、王としてのヒミコが率先してなすべき事柄であった。実権を握っていたのは「男弟」に違いない、と考えなければならない理由は、『日本書紀』の編者にはみじんも感じられなかったのである。

こうした女性統治者像は、中世・近世にいたるまで基本的には変わらない。それが劇的に変わるのは、近代も一九一〇年代になってからのことである。

†近代におけるヒミコ像の転換と女帝論

明治四十三（一九一〇）年の五月から七月にかけて、内藤虎次郎「卑弥呼考」と、白鳥《しらとり》庫吉《くらきち》「倭女王卑弥呼考」があいついで発表され、それまでのヒミコ像は決定的な転換を遂げることとなる。

内藤虎次郎の「卑弥呼考」は、神功紀の注は後から紛れ込んだものではなく、『日本書紀』成立時の編者注であることを確認し、宣長以来のヒミコ＝筑紫女酋説をしりぞけたあと、邪馬台国畿内説を説き、ついでヒミコについては次のように述べる。

余は之を以て倭姫命《やまとひめのみこと》に擬定《ぎてい》す。其故《ゆえ》は……事㆓鬼道㆒、能惑㆑衆といへるは、垂仁紀廿五年の記事並に其の細註、延暦儀式帳、倭姫命世紀《やまとひめのみことせいき》等の所伝を綜合して、最も此命《みこと》の行事に適当せるを見る。……年已長大無㆓夫婿㆒といへるは、最も倭姫命に適当せること、神功皇后とするの事実に違《たが》へる比《たぐい》にあらず、……有㆓男弟㆒、佐治㆑国といへるは、景行天皇を指《さ》し奉《たてまつ》る者なるべし。国史によれば、天皇は倭姫命の兄に坐《ま》せども、外人《とつひと》の記事に是程の相違は有り得べし。此の記事によりても、国政は天皇の御手中に在りて、命は専ら神事を掌《つかさど》りたまひし趣は知らるべく、たゞ其の勢威のあまりに薫灼《くんしゃく》たるによりて、誤りて命を女王なりと思ひしならん。

ヤマトヒメは、伝承上の初代斎宮とされている女性である。崇神の時に宮殿から出してトヨスキイリヒメに託《つ》けて祭らせた天照大神（第四章末尾参照）を、次の垂仁の時に、トヨスキイリヒメから離してヤマトヒメに託けた。ヒメは鎮座地をもとめて各地を廻ったのちに、大神の教えに従って、伊勢国に祠をたて、斎宮を五十鈴川の川上に興《た》つ、と『日本書紀』（垂仁二十五年三月条）には記されている。ヤマトタケルの東征説話でも、伊勢神宮に立ち寄ったタケルにオバのヤマトヒメは草薙剣《くさなぎのつるぎ》を与え、加護する。未婚のままで神に仕えた偉大な巫女の形象である。

内藤論文では、このヤマトヒメこそがヒミコにもっとも適合するとして、『日本書紀』の神功皇后説を否定する。その根拠は次の四点にまとめられよう。

1　「鬼道に事え、能く衆を惑わす」とは、天照大神を奉事して遍歴し、神威をたかめたヤマトヒメにふさわしい。

2　「年已に長大なるも夫婿無し」とは、ヤマトヒメには適合するが、仲哀の妻である神功皇后にはあてはまらない。

3　「男弟有りて佐けて国を治む」は、ヤマトヒメの兄の景行があてはまる。

4　国政は天皇が掌握し、ヤマトヒメは神事を行ったのを、女王と誤り伝えたのである。

一方、白鳥庫吉「倭女王卑弥呼考」は、邪馬台国九州説に立ち、ヒミコを筑紫の女酋長の一人とみる。ただし、それまでのヒミコ＝筑紫女酋説が、九州に女酋の多くみられる理由を、「卑弥呼ノ英略ヲ以テ、国人を服セシヨリシテ、人民自ラ女酋ヲ重ンズル心ヲ生ジ」（那珂通世）、あるいは「女系を主とせる古俗と相関係せるならん」（三宅米吉）としていたことは否定して、次のように述べる（両説の否定を意図している箇所をゴチックで示す）。

　卑弥呼の人となりを察するに、**軍国の政務を親《みずか》ら裁断する俗界に於ける英略勇武の君主と見るよりは**、寧《むし》ろ深殿に引き籠《こも》りて祭祀を事とし、神意を奉じて民心を収攬《しゅうらん》せる宗教的君主と見らるるなり。是れ余輩が那珂氏の説に従ふこと能はざる所以なり。又三宅博士の云はるるが如く、我国の太古にも**母系を重んじたる形跡なきにあらねど**、卑弥呼時代には夫婦の制が判然と確立せしこと……母系を重ずる習慣より之を論ずれば、国民の尊敬を受くる女王は**母たる資格を要すべきは勿論なるに**、卑弥呼が年長じて夫壻《ふせい》なく、一生を処女にて送りしは如何に解くべきか。……神祇に奉侍《ほうじ》する自己の地位の然らしむる所にして、他の故《ゆえ》ありしにあらず。されば卑弥呼が女王として推戴せられしは**其資性の英明勇武なるにあらずして**、神祇に奉侍し其意を伝達するに適したる性質を具備せしが故なり。……（「大人皆四五婦、下戸或二三婦」の記事を引いて）此の如く男尊女卑は我が古俗なりしにも拘《かかわ》らず、女人にして君長となれるもの多かりしは、甚だ奇異に聞ゆれども、其理由の宗教的関係に存するを悟らば、疑団は忽ち氷解せらるべし。……卑弥呼、壱与等が九州北半の大君主と仰がれしも、全く此の理由によるものにて、必しも之を以て此等女王の資性勇武なりしのみに帰すべからず。

難解な文章を長々と引用したが、そのいおうとするところは明白であり、次の四点にまとめることができよう。

1　ヒミコは軍事的君主ではなく、宗教的君主である。

2　一生を処女として神に仕え、殿内深く籠もって、神意を伝えた。

3　女系尊重ならば、母たることが必要であり、ヒミコはそれにはあてはまらない。
4　男尊女卑は古来の伝統だが、神意を伝える資質のある女性だけは、女王となることができた。英明勇武だったからではない。

内藤は邪馬台国畿内説、白鳥は九州説という違いはあるものの、ヒミコの王としての本質をどうみるかという点では、両者は驚くほど似ている。どちらもいいあわせたように、国政（とりわけ軍事）を担うのは天皇＝男であって、女のヒミコは神事専門に違いない、というのである。とりわけ白鳥の論は、こうしたヒミコ像転換の背景がどこにあるかを語って、余すところがない。

白鳥説の3と4は、それぞれ、それまでのヒミコ＝筑紫女酋説が、「卑弥呼ノ英略」（那珂通世）、「女系を主とせる古俗」（三宅米吉）を想定していたことを意識して、それを否定したものである。いいかえれば、白鳥説がでるまでは、『魏志』倭人伝のヒミコを「生涯を神に捧げた巫女」とみる〝読み〟は、まだ成立していなかったのだ。白鳥説によって、ヒミコであろうはずがないとされた「軍国の政務を親ら裁断する俗界に於ける英略勇武の君主」像とは、まさに明治四十年代における明治天皇のイメージそのものではないか。

また、「男尊女卑は我が古俗なり」も、「夫婦の制が判然と確立」していることも、明治の皇室典範制定に際して、女帝否定論者によって繰り返し我が国の〝伝統〟として持ち出されたことであった。それ故に、現実に存在した過去の女帝たちは、政府による公的な解釈では「中継ぎ」であったとされ、古代史の学問上では、さらにそれに加えて彼女たちの本質は「巫女」だとする説が、しきりに唱えられるようになるのである。

ヒミコ像の転換とほぼ時を同じくして、ヒミコと切り離された神功皇后のイメージにも、微妙で大きな変化があった。神功皇后伝説は、近世を通じて安産の守り神や疱瘡《ほうそう》除け等の民衆の信仰と結びつきながら、朝鮮蔑視・侵略正当化の意識をはぐくんでいった（塚本明「神功皇后伝説と近世日本の朝鮮観」）。明治に入ると、神功皇后は国権拡張のシンボルとして紙幣の図柄ともなり、さまざまな神功皇后像が描かれた。しかし、その全盛期は、幕末・維新から明治二十年代半ばまでであって、日清・日露以後は衰退するという（若桑みどり「明治近代国家形成期における「女性神格」の創造」）。日清・日露以後といえば、内藤・白鳥説が出たのと同じ頃である。

白鳥庫吉「倭女王卑弥呼考」は、卑弥呼＝神功皇后説を否定したあと、次のように記す。

> 人代《じんだい》となりてより以来、皇朝に於いて婦人にして始めて国家を統治せられしは、神功皇后なり。皇后は巾幗《きんかく》の身を以て、遠く海を渡り三韓《さんかん》を伐《う》たせられし程の人なれば、資性勇武にましましは言を俟《ま》たざれども、而も世の歴史家が此大功を奏せられしを以て、

偏《ひとえ》に皇后が千軍万馬の間に叱咤《しった》せられし武勲にのみ因るとなせば、そは大なる誤なり。余輩《よはい》を以て之を観れば、皇后は武略を以て軍卒の畏敬を受けしよりは、寧《むし》ろ神祇に奉侍《ほうじ》してその意思を宣伝する祝官として、民望を収攬《しゅうらん》せられしが如し。……斯《かか》る類似は独り皇后と卑弥呼とに限るべからず。

神功皇后も、武装して戦ったとはいえ、本質は神事奉仕・神託統治にあり、卑弥呼たち筑紫女酋も含めて、古代の女性統治者はみな同質の宗教的君主だというわけである。

しかし、『日本書紀』の描くところでは、神功皇后は自分自身神を祭り神託も受けるが、同時に、「武内宿禰《たけしうちのすくね》を召して、剣鏡《たちかがみ》を捧《ささ》げて神祇《あまつかみくにつかみ》を禱祈《いの》りまさしめ」、「依網吾彦男《よさみのあびこお》垂見《たるみ》を以《も》て祭《いわい》の神主《かんぬし》とす」というように、男性臣下に命じて神祭りを行わせる君主でもある。これは男の大王について『日本書紀』が描くところと何も変わりがない。

私たちは、神功皇后は「皇后」であって「天皇」ではない、というように両者を完全に区別して考えがちである。しかし、原則として一天皇に一巻をあてる編纂方針をとる『日本書紀』において、神功皇后は第九巻の一巻をしめ、摂政前紀＋摂政元年から六十九年までの年紀記事を持つ。そもそも、「天皇」「皇后」という称号の成立が七世紀になってからであることは勿論、「仲哀」も「神功」も、奈良時代半ばに一斉に定められた漢風諡号である。その時に歴代天皇だけではなく、「気長足姫尊《おきながたらしひめのみこと》」も「神功」という漢風諡号制定の対象となった、ということの意味を問い直してみる必要があろう。「倭女王」卑弥呼と神功「皇后」を同列に置いているところにも、「皇后」を〝君主〟と見なす『日本書紀』編者の意識がうかがえる。

しかし、白鳥説以後は、『日本書紀』による神功皇后の造型（本章前掲）のうち、男女の王に共通だったはずの①〜③の中から、①だけが女性固有の巫女的役割として特化される。そしてその上で、④の「母」の側面に焦点をあてて、応神（＝神）を生んだ巫女として神功を解釈する胎中天皇論、神の母論が、神功皇后研究として展開していくのである。

†近代思想としての古代史研究

明治維新を迎えた時、明治天皇は宮中の女官に囲まれて日常を送る少年にすぎなかった。その後、明治二十二年発布の大日本帝国憲法により、天皇は、統治権の総攬者にして陸海軍を率いる大元帥と定められる。明治二十七（一八九四）年の日清戦争、同三十七（一九〇四）年の日露戦争と二度の戦争に勝利して、「軍国」日本の元首＝大元帥としての明治天皇像は、広く国民の間にも浸透していった。軍人となりえない〝女〟が、「軍国の政務を親ら裁断する俗界に於ける英略勇武の君主」でありえないことは、明治四十年代の古代史研究者にとっては、あまりにも自明のことであった。過去はこの自明の前提に照らして〝再解釈〟されねばならない。そしてその〝再解釈〟の結果は、〝正しい読み〟＝〝史実〟として確定され、ゆるぎない〝伝統〟として国民に共有されていくのである。

内藤・白鳥の両論文をみると、現在の古代史研究における主流のヒミコ像は、ほとんどここに出そろっていることがわかる。

・ヒミコは祭祀を専らにする宗教的君主である。
・生涯を神にささげた処女である。
・殿内に籠もって、人に姿をみせない神秘的巫女だった。
・実際の政治は「男弟」が行った。

これらはいずれも、実は、近代日本が要請し、過去に投影した女性統治者像だったのである。こうして生み出されたヒミコ像は、確固たるイメージとして定着し、現在も古代史の学説として重要な位置をしめ、女帝「巫女」説の源流でありつづけている。

使用史料一覧

『稲荷山古墳出土鉄剣金象嵌銘概報』埼玉県教育委員会
『江田船山古墳出土　国宝　銀象嵌銘大刀』吉川弘文館
『延喜式』〔新訂増補国史大系〕吉川弘文館
「御ものいミ由来略」『神道大系　神社編二十二　香取・鹿島』神道体系編纂会
『古事記　祝詞』〔日本古典文学大系〕岩波書店
『完訳　三国遺事』全／『完訳　三国史記』上　六興出版
『続日本紀』一～五〔新日本古典文学大系〕岩波書店
『日本書紀』上下〔日本古典文学大系〕岩波書店
『発見！　古代のお触れ書き　石川県加茂遺跡出土加賀郡牓示札』平川南監修・石川県埋蔵文化財センター編
『風土記』〔日本古典文学大系〕岩波書店
「陸奥国戸籍（戸口損益帳）」『大日本古文書』一　東京大学出版会
『令集解』〔新訂増補国史大系〕吉川弘文館
『類聚三代格』〔新訂増補国史大系〕吉川弘文館
『倭国伝』〔中国の古典〕学習研究社

＊『魏志』倭人伝は、佐伯有清『魏志倭人伝を読む』下の付録「『魏志』倭人伝の原文と訓み下し文」および「『魏略』逸文の原文と訓み下し文」を参照した。
＊一部の人名を除き、現代仮名遣いで統一した。

引用参考文献一覧

明石　一紀　一九九〇『日本古代の親族構造』吉川弘文館

荒木　敏夫　一九九九『可能性としての女帝』青木書店

井上　辰雄　一九七八『熊襲と隼人』教育社〔歴史新書〕

今井　堯　一九八二「古墳時代前期における女性の地位」『歴史評論』三八三　のち総合女性史研究会編『日本女性史論集2　政治と女性』（吉川弘文館　一九九七年）所収

折口　信夫　一九四六「女帝考」『折口信夫全集』二十（中央公論社　一九六七年）所収

川副　武胤　一九八一「古事記女性称呼考」（初出一九六七年）『古事記の研究　改訂増補版』至文堂

岸　俊男　一九六六「光明立后の史的意義」（初出一九五七年）『日本古代政治史研究』塙書房

北郷　泰道　一九九四「武装した女性たち」『考古学研究』一六〇

倉塚　曄子　一九六二「女神に関する覚書」『都大論究』二

佐伯　有清　二〇〇〇『魏志倭人伝を読む』上下　吉川弘文館〔歴史文化ライブラリー〕

白石太一郎　二〇〇四『考古学と古代史の間』筑摩書房

白鳥　庫吉　一九一〇「倭女王卑弥呼考」佐伯有清編『邪馬台国基本論文集』Ⅰ（創元社　一九八一年）所収

新川登亀男　一九八六「小墾田宮の匍匐礼」『日本歴史』四五八
清家　章　二〇〇四「弥生・古墳時代の女性と戦争」『女性史学』一四
関口　裕子　一九八〇「日本古代の家族形態と女性の地位」『家族史研究』二　大月書店　のち『古代女性史の研究』（塙書房　二〇一八年）所収
――　一九九三『日本古代婚姻史の研究』上下　塙書房
――　一九九七「日本古代の戦争と女性」前近代女性史研究会編『家・社会・女性　古代から中世へ』吉川弘文館　のち大日方純夫編『日本家族史論集13　民族・戦争と家族』（吉川弘文館　二〇〇三年）所収
――　二〇〇四『日本古代家族史の研究』上下　塙書房
田島　公　一九八六「外交と儀礼」『日本の古代7　まつりごとの展開』中央公論社
塚本　明　一九九六「神功皇后伝説と近世日本の朝鮮観」『史林』七九―六
寺沢　知子　二〇〇〇「権力と女性」『古代史の論点2　女と男、家と村』小学館
東野　治之　一九九六「大宝令前の官職をめぐる二、三の問題」（初出一九八四年）／「長屋王家木簡の文体と用語」（初出一九八四年）『長屋王家木簡の研究』塙書房
内藤虎次郎　一九一〇「卑弥呼考」佐伯有清編『邪馬台国基本論文集』Ⅰ（創元社　一九八一年）所収
長久保恭子　一九八〇「「和風諡号」の基礎的考察」竹内理三編『古代天皇制と社会構造』校倉書房
中村　明蔵　一九七八『隼人の研究』学生社

長山　泰孝　一九九二「前期大和政権の支配体制」（初出一九八四年）『古代国家と王権』吉川弘文館
南部　昇　一九九二「親族呼称の考察」（初出一九七三年）／「味蜂間郡春部里戸籍にみえる無姓者について」（初出一九七四年）『日本古代戸籍の研究』吉川弘文館
仁藤　敦史　一九九八『古代王権と都城』吉川弘文館
布村　一夫　一九八一「民族学が国語学と接するところ　Ⅱ」『教育国語』三月号
服藤　早苗　一九八二「古代の女性労働」女性史総合研究会編『日本女性史1　原始・古代』東京大学出版会
古瀬奈津子　二〇〇三『遣唐使の見た中国』吉川弘文館〈歴史文化ライブラリー〉
本位田菊士　二〇〇二「五世紀末の王権と古市の天皇陵古墳」『日本歴史』六四七
前田　晴人　一九九九「倭人社会と国邑の祭祀」『女王卑弥呼の国家と伝承』清文堂
松木　俊暁　一九九七「『風土記』地名起源説話と支配秩序」『九州史学』一一八・一一九
三木　太郎　一九八八『邪馬台国研究事典Ⅰ　文献史料』新人物往来社
溝口　睦子　一九七三「記紀神話解釈の一つのこころみ（上）」『文学』四一―九
――――　一九九七「『風土記』の女性首長伝承」前近代女性史研究会編『家・社会・女性　古代から中世へ』吉川弘文館
本居　宣長　一七九六「馭戎慨言」『本居宣長全集』八（筑摩書房　一九七二年）
――――　一八四四「古事記伝」『同右』九～十二（筑摩書房　一九六八～七四年）
森　浩一　一九八七「古墳にみる女性の社会的地位」『日本の古代12　女性の力』中央公論社

義江　明子
――　一九八六　『日本古代の氏の構造』吉川弘文館
――　一九九〇　「古代の村の生活と女性」女性史総合研究会編『日本女性生活史1　原始・古代』東京大学出版会　のち『日本古代女性史論』（吉川弘文館　二〇〇七年）所収
――　一九九五　「古代の家族と女性」『岩波講座日本通史6　古代5』岩波書店
――　一九九六　『日本古代の祭祀と女性』吉川弘文館
――　二〇〇〇　「古代の「人」・「子」」（初出一九八八年）『日本古代系譜様式論』吉川弘文館
――　二〇〇二　「古代女帝論の過去と現在」『岩波講座天皇と王権を考える7　ジェンダーと差別』岩波書店　のち『日本古代女帝論』（塙書房　二〇一七年）所収
――　二〇〇二　「系譜様式論からみた大王と氏」『日本史研究』四七四　のち『同右』所収
――　二〇〇二　「推古天皇の讃え名〝トヨミケカシキヤヒメ〟を巡る一考察」『帝京史学』一七
――　二〇〇三　「〝雷神を捉えた話〟と推古天皇」大隅和雄編『文化史の諸相』吉川弘文館
――　二〇〇三　「〝卑弥呼たち〟の物語」『いくつもの日本Ⅵ　女の領域・男の領域』岩波書店
――　二〇〇四　「戦う女と兵士」西村汎子編『戦争・暴力と女性1　戦の中の女たち』吉川弘文館

吉田　孝　一九八三『律令国家と古代の社会』岩波書店
吉田　東伍　一八九三『日韓古史断』冨山房（一九七七年復刻）
吉村　武彦　一九九六「古代の王位継承と群臣」（初出一九八九年）『日本古代の社会と国家』岩波書店
若桑みどり　二〇〇一『皇后の肖像』筑摩書房
和田　萃　一九九五「殯の基礎的考察」（初出一九六九年）『日本古代の儀礼と祭祀・信仰』上　塙書房
和辻　哲郎　一九五一『新稿日本古代文化』岩波書店

＊引用にあたって、難解と思われるものには、引用者の判断で適宜ルビを付した。

あとがき

私と卑弥呼との出会いは、ほんの三、四年前のことである。長年、古代の氏族研究や女性史研究をやってきたが、なぜか卑弥呼にはふれないできた。強固なイメージができあっていて、手をだす気になれなかったということかもしれない。ところがたまたま、講演や短文執筆を頼まれることがあり、卑弥呼について少しまじめに調べてみた。驚いたことに、女性史研究の成果に照らすと、あまりにも納得できない卑弥呼像が氾濫している。近年の王権論の進展は著しく、二、三十年前とは面目を一新しているのに、なぜか卑弥呼に関しては、旧態依然たる巫女像をふりまわして怪しまない。なぜだろう。

当初は、広く古代の女性首長たちの姿を明らかにする、という方向で伝承の読み直しをすすめていった。しかし、「なぜだろう」「卑弥呼＝巫女説はどこから来るのだろう」と考えつづけて行くうちに、古代における「ヒメ」記号の付加と、近代における女性統治者像の転換という事実にぶつかった。これがつかめた時、〝〈女〉の創出〟を軸とする本書の構想は固まったといって良い。

本書の土台となったのは、「日本列島に生きた〝卑弥呼たち〟とその末裔」『アエラムック　古代史がわかる。』(朝日新聞社　二〇〇二年、のち拙著『古代女性史への招待』吉川弘文館　二〇〇四年所収)／「〝卑弥呼たち〟の物語——女と男」『女の領域・男の領域』(いくつもの日本〕Ⅵ(岩波書店　二〇〇三年)／「巫女王の真実」『東アジアの古代文化』一一九(大和書房　二〇〇四年)／「戦う女と兵士」西村汎子編『戦の中の女たち』(戦争・暴力と女性1(吉川弘文館　二〇〇四年)である。そのほか、高根台公民館歴史講座(二〇〇一年)・朝日カルチャー横浜(二〇〇二年)・神奈川古代史セミナー(二〇〇三年夏季)での講演、大阪大学日本学科(二〇〇三年)・東京女子大学現代文化学部(二〇〇三年後期)での授業を通じて、多くの方々から意見を寄せていただき、そのたびに考えを練り直していった。

卑弥呼について初めて書いた短文に目をとめて、新書執筆をすすめて下さった福田恭子さんには、感謝のほかない。本書が完成した今、編集者と執筆者の出会いの幸せをかみしめている。

二〇〇五年二月末日

義江明子

文庫版あとがき

〝卑弥呼さん〟がちくま新書で世に出てから、早いものでもう一三年がたつ。〝卑弥呼さん〟などと余りになれなれしいようだが、『つくられた卑弥呼』を書いてから、私の心の中には我が〝卑弥呼さん〟がいつもいる。初めて卑弥呼について短い文章を書いたのが二〇〇二年八月、それに目を留めてくださったちくま新書編集部の福田恭子さんに口説き落とされ、他の原稿を後回しにして卑弥呼にとり組むこと半年、刊行されたのは二〇〇五年二月である。このわずか二年半ばかりの間に、〝卑弥呼さん〟は私の研究にとってかけがえのない大きな存在になってしまった。

古代の指導的女性（首長から大王／天皇まで）は、本当に、みな「巫女」だったのか？通説への素朴な疑問からはじまった探究は、近代における「卑弥呼＝巫女」像の創出という、当初は思ってもみなかった着地点に私を導いていくことになった。この卑弥呼像の対極に、近代国家の大元帥男性天皇像の確立があることも、みえてきた。卑弥呼巫女説を提起した白鳥庫吉の明治四三年（一九一〇）の論文にみえる、「男尊女卑は我が古俗なりしにも拘わらず、女人にして君長となれるもの多かりしは、甚だ奇異に聞ゆれども、其理由の宗教的関係に存するを悟らば、疑団は忽ち氷解せらるべし」（古代は男尊女卑の社会なのに、女王／女帝が多いのは不思議なようだが、巫女だとわかれば、何の疑問もない）との一文は、巫女説の本質が女性統治者否定の言説に他ならないことを、雄弁に物語る。長年にわたり古代史研究にたずさわってきたが、〈全ての歴史は現代史である〉という命題を、こんなに劇的に実感したことはない。

新書刊行後、学問研究の分野では、いくつか大きな進展があった。その第一として、女性首長論の深化がある。「古墳に眠る女性首長」（本書第一章3節）で述べたように、考古学者の今井堯が一九八二年に、古墳時代前期には九州から関東にまで女性首長が広範に存在したことを明らかにした。これはそれまでの漠然とした〝古墳時代の首長は男〟という常識をくつがえす、画期的な成果だった。しかも女性首長は祭祀権だけではなく、軍事権・生産権をも掌握していたという。ただし、今井の研究は人骨の性別を総合した結果であり、そもそも性別判定のできる状態で人骨が遺存している例はごく少ない。

そこに方法的な風穴をあけたのが、清家章である。清家は性別が判明する人骨とその副葬品の対応関係を調査した。そして、男女ともに武器・装飾品を副葬するものの、甲冑は男性のみに副葬されること、車輪石《しゃりんせき》や石釧《いしくしろ》を腕に置くのは女性であることを見いだした。

これによって、人骨による性別判定ができなくても、かなりの確率で被葬者の性別を推定できることになったのである。その結果、今井の先駆的考察と同様に、弥生後期～古墳時代前期には男女首長がほぼ半々の割合で存在したことが、あらためて明確に確認された。本書執筆の段階でも、清家の初期の研究にふれた（同前）が、その後、さらなる探究の成果が大部の一書にまとめられた（清家章『古墳時代の埋葬原理と親族構造』大阪大学出版会、二〇一〇年）。

卑弥呼の裾野に多くの女性首長がいたこと、男女首長たちによって彼女は「共立」されたとみる本書の倭人伝の〈読み〉からいっても、まことに心強い研究成果である。しかし清家の論の展開には、納得できない点もある。それは、男女首長が半々で存在したのは呪術的能力を重視された時代で、軍事的緊張が高まる古墳中期以降、女性首長は姿を消す、とすることである。そこには、巫女説の残影が感じられてならない。呪力が重視されなくなった中期以降、女性首長は本当に姿を消してしまうのか？　今井も清家も、中期以降、小規模墳への女性埋葬はつづくという。今井は「小首長層」といい、清家は「家長層」とする違いはあるが、いずれにしても、地域小集団のリーダーとして、女性は存在しつづけたということだろう。彼女たちは、歴史上ではどこに位置するのだろう？

私たちが、古墳時代全体を男性首長のイメージで思い描いてしまいがちなのは、古墳に並べられた武人埴輪の視覚的影響が大きい。実際には、人物埴輪が盛んに作られるようになるのは、六世紀以降である。つまり、男女首長がほぼ同数いたことが考古学的に実証された古墳前期は、人物埴輪からはみえてこないのである。もちろん、女性の人物埴輪もある。しかし、女性人物埴輪は、もっぱら「巫女」とみなされてきた。みなさんも、各種の古墳時代展を思いうかべて見れば、「ああ、そういえば女性埴輪には〈巫女〉という説明がついていたな」と、肯かれるだろう。これについても、男女の人物埴輪を、大豪族に奉仕した男女近侍者の表現としてとらえ直す研究が出されている（塚田良道『人物埴輪の文化史的研究』雄山閣　二〇〇七年）。文献史学でも、ヤマト王権の大王宮や后宮への地方豪族層男女の出仕を、八世紀以降の律令国家の男官女官の前史として位置づける研究が公にされている（伊集院葉子『日本古代女官の研究』吉川弘文館、二〇一六年）。女性首長が姿を消したようにみえる古墳中期以降のミッシングリンクは、確実に狭められてきているといえよう。進展のその二である。

進展のその三は、女帝論の転換である。古代にいた六人八代の女帝は、男性による父系継承の間をつなぐ〝中継ぎ〟とみられてきた。また、古い時代の伝説的女王（神功皇后《じんぐうこうごう》や本書でもとりあげたイヒトヨ王）は〝巫女〟だとされてきた。女帝は〝中継ぎ〟か〝巫女〟だというのが、長らく学界の通説だったのである。一九九〇年代の末に、荒木敏夫によって、性差を前提としない女帝論が提起され、それを契機として、男女の大王／天皇の王者としてのあり方が正面から考察されるようになった（『可能性としての女帝』青木書店、一九九九年）。この新たな研究動向を受けて、女帝についての論文を私が初めて発表したのは二〇〇二年、イヒトヨについての短文を書いたのが二〇〇三年である。卑弥呼執筆とほぼ並行して、女帝研究も出発させたことになる。

卑弥呼と向かいあう中でつかんだ、〈巫女説の本質は女性統治者否定論にほかならない〉という確信は、女帝研究に際しても揺るぎない考察軸となった。もう一つの軸は、それまで多年にわたってすすめてきた古系譜様式研究の中でつかんだ、〈古代はそもそも父系社会ではなかった〉という確信である。この二つの軸を中心にすえて、本書刊行後の十数年は女帝関係の執筆にあけくれた。それを一冊にまとめたのは、昨年のことである（『日本古代女帝論』塙書房、二〇一七年）。明治末年に発表された白鳥論文の最後は、〈卑弥呼だけでなく〉「君主と仰がれし女王は、大概此の性質（宗教性のこと：義江）を具備せしなり」（女性君主は、みな巫女だ）との言で結ばれていた。女性君主を頭から特殊視するこうした本質主義的見方は、学界レベルではもはや克服されたといって良いだろう。

古墳中期以降における女性首長後退の要因として考えられているのは、朝鮮半島への出兵にともなう社会全体の軍事化、軍事を担う男性首長の優位化である。一方で、古墳時代の末期、六世紀末以降、推古を皮切りに女帝の即位が相つぐ。古代最後の女帝となった八世紀後半の称徳まで、男帝と女帝の数はほぼ半々である。女性首長の後退と、そのあとにくる女帝の出現、これはどうつながるのか?

転換の画期は二つある。一つは、六世紀初に世襲王権が成立して、王には、直接の軍事指導にすぐれた軍事的リーダーよりも、血統的条件が重視されるようになった。その際、非父系の双系的社会が土台にあるので、血統的資格において男女はほぼ同等だった。朝鮮半島との緊張関係がつづく中、隋による中国統一をうけた激動の国際関係の舵取りをするには、高度の政策判断能力がもとめられる。年齢をかさね経験を積んだ男女長老の統率力が、王には必要だったのである。六世紀~七世紀末の男女大王の即位年齢はほぼ四〇歳以上であることが、仁藤敦史によって明かにされた(『女帝の世紀』角川書店、二〇〇六年)。また、古代村落においても、ほぼ四〇歳以上の男女長老を指導者とする年齢原理のあったことが、田中禎昭によって解明された(『日本古代の年齢集団と地域社会』吉川弘文館、二〇一五年)。どちらも貴重な成果である。

転換の画期の二つ目は、七世紀末~八世紀初の、中国を手本とする律令国家体制の成立である。君主は、国家機構を通じた制度的支配の頂点に君臨する存在となり、老練な祖母持統の後見のもと、孫の文武がわずか一五歳で即位する。長老支配からの転換の始まりである。同時に父系原理が公的に導入され、八世紀一杯をかけて社会に浸透していく。これを象徴するのが、双系的様式の系譜（代表例は天寿国繡帳銘《てんじゅこくしゅうちょうめい》）が、七世紀末を最後に作られなくなることである。

以上を私なりに大きな流れでとらえると、〈男女首長が呪術を含む統率能力で擁立されていた時代（古墳前期まで）～軍事抗争の激化による男性首長優位・女性首長後退の時代（古墳中期以降、ただし小集団のリーダーは存続）～世襲王権の成立により男女王族長老が即位した時代（六世紀以降）～国家体制の確立と父系制導入により父系直系皇位継承が模索される時代（七世紀末以降）～女帝の終焉（八世紀後半）〉となる。

七世紀末の画期は、王位継承に関わる変化をもたらしただけではない。全階層に及ぶ全国的戸籍作成（六九〇年の庚寅年籍《こういんねんじゃく》）に連動して、徴兵制が施行された。「「ヒメ」のはじまり」（本書第四章1節）で述べたように、ここではじめて社会の成員全てが男／女のジェンダーに二分割され、戸籍上の〈女〉の名前にはすべて「メ」がつけられた。「メ」のつく人間＝〈女〉は、兵士にならない。古墳中期以降の、エリート戦士を中心とした社会の軍事編成とはレベルの違う、深奥からのジェンダー編成である。中国では、同様のことが秦漢統一国家誕生の時になされ、この場合には、戸籍登録の〈男〉すべてに爵位（首一つにつき爵一級）が与えられた。二十等爵制である。それぞれの社会で国家形成の時期と歩みは違うが、画期と連動してジェンダー編成がなされたことでは、共通の要素がみられる。興味深い、国際比較上の論点である。

　実は、伝承の読み直しをすすめる中で浮上した、「それは男？　それとも女？」という史料読解上の疑問は、私にとってはまさにジェンダー研究開眼ともいうべき出来事だった。史料上の首長が男か女かは、そもそも何によって判断できるのか。根拠は、女性の名前である。○○女／売、○○媛／比売と書かれていれば、それは〈女〉と判定できる。しかし、戸籍以外の史料では、女性名に「メ」や「ヒメ」という接尾辞がつかないことも多い。ここで事態は、私の頭の中でコペルニクス的に展開した。現存戸籍の全ての女性名には「メ」がついている。それ以外の史料では「メ」のつかない女性もいる。……ということは、女性だと（その時点で生物学的に）判定された人間に、戸籍上で「メ」を一斉につけたのではないか。八世紀初に文字として定着した『日本書紀』『風土記』などの伝承中で、「メ」の接尾辞をもたない故に私たちがこれまで〈男〉とみなしてきたなかには、実は〈女〉もいたのではないか。

　実際、八世紀の木簡に「○○王」の文字があっても、他の史料の裏付けがない限り、それが男か女かは判定できない。皇子《みこ》／皇女《ひめみこ》、王《おう》／女王《じょおう》という制度的区分は、七世紀末以降のもので、日常世界では、男女を区別しない「○○王《みこ》」が使われつづけていたからである。いいかえれば、それ以前の社会は、「イヒトヨ」について具体的にみたように、男女を名前／称号で区別する必要の乏しい、男女同質の王のいた時代だったのである。「ヒメ／メ」をジェンダー記号とみることから開けた新しい世界は、まだ私の中で展開中である。

私にとっての〝卑弥呼さん〟は、弥生後期の女王卑弥呼だけはない。彼女を共立した女性首長も、『風土記』の伝承上の土蜘蛛八十女《つちくもやそめ》も、イヒトヨ王も、すべてが〝卑弥呼さん〟であり、女帝たちは〝卑弥呼さん〟の末裔である。文庫本にしませんかと編集者の天野裕子さんに声をかけていただき、私の〝卑弥呼さん〟が再び日の目をみることになった。本書を通じて、所在地論争にとどまらない『魏志』倭人伝を読む楽しみにふれ、日本列島上にいた大勢の〝卑弥呼さん〟に出会っていただけたら、こんなに嬉しいことはない。

二〇一八年八月猛暑の中で

義江明子

本書は二〇〇五年四月十日、ちくま新書より刊行されたものである。

わたしの外国語学習法　ロンブ・カトー／米原万里訳

16ヵ国語を独学で身につけた著者が明かす語学学習の秘訣。特殊な才能がなくても外国語は必ず習得できる！　という楽天主義に感染させてくれる。

言海　大槻文彦

統率された精確な語釈、味わい深い用例、明治の刊行以来昭和まで最もポピュラーで多くの作家に愛された辞書『言海』が文庫で。（武藤康史）

名指導書で読む 筑摩書房 なつかしの高校国語　筑摩書房編集部編

名だたる文学者による編纂・解説で長らく学校現場で愛された幻の国語教材。教室で親しんだ名作と、珠玉の論考からなる傑作選が遂に復活！

柳田国男を読む　赤坂憲雄

稲作・常民・祖霊のいわゆる「柳田民俗学」の向こう側にこそ、その思想の豊かさと可能性があった。テクストを徹底的に読み込んだ、柳田論の決定版。

夜這いの民俗学・夜這いの性愛論　赤松啓介

筆おろし、若衆入り、水揚げ……。古来、日本人は性に対し大らかだった。在野の学者が集めた、柳田が切り捨てた性民俗の実像。（上野千鶴子）

差別の民俗学　赤松啓介

人間存在の病巣〈差別〉。実地調査を通して、その実態・深層構造を詳らかにし、根源的解消を企図した赤松民俗学のひとつの到達点。（赤坂憲雄）

非常民の民俗文化　赤松啓介

柳田民俗学による「常民」概念を逆説的な梃子として、「非常民」こそが人間であることを宣言した、赤松民俗学最高の到達点。（阿部謹也）

日本の昔話（上）　稲田浩二編

神々が人界をめぐり鶴女房が飛来する語りの世界。はるかな時をこえて育まれた各地の昔話の集大成。上巻は「桃太郎」などのむかしがたり103話を収録。

日本の昔話（下）　稲田浩二編

ほんの少し前まで、昔話は幼な子が人生の最初に楽しむ文芸だった。下巻には「かちかち山」など動物昔話29話、笑い話123話、形式話7話を収録。

列島文化再考　網野善彦／塚本学／坪井洋文／宮田登

近代国家の枠組みに縛られた歴史観をくつがえし、列島に生きた人々の真の姿を描き出す、歴史学・民俗学の幸福なコラボレーション。（新谷尚紀）

日本社会再考　網野善彦

歴史の虚像の数々を根底から覆してきた網野史学。漁業から交易まで多彩な活躍を繰り広げた海民に光をあて、知られざる日本像を鮮烈に甦らせた名著。

図説　和菓子の歴史　青木直己

饅頭、羊羹、金平糖にカステラ、その時々の外国文化の影響を受けながら多種多様に発展した和菓子。その歴史を多数の図版とともに平易に解説。

今昔東海道独案内　東篇　今井金吾

いにしえから庶民が辿ってきた幹線道路・東海道。日本人の歴史を、著者が自分の足で辿りなおした名著。東篇は日本橋より浜松まで。（今尾恵介）

今昔東海道独案内　西篇　今井金吾

江戸時代、弥次喜多も辿った五十三次はどうなっていたのか。二万五千分の一地図を手に訪ねる。西篇は浜松より京都までに伊勢街道を付す。（金沢正脩）

物語による日本の歴史　石母田正／武者小路穣

古事記から平家物語まで代表的古典文学を通して、国生みからはじまる日本の歴史を子ども向けにやさしく語り直す。網野善彦編集の名著。（中沢新一）

増補　学校と工場　猪木武徳

経済発展に必要とされる知識と技能は、どこで、どのように修得されたのか。学校、会社、軍隊など、人的資源の形成と配分のシステムを探る日本近代史。

泉光院江戸旅日記　石川英輔

文化九年（一八一二）から六年二ヶ月、鹿児島から秋田まで歩きぬいた野田泉光院の記録を詳細にたどり、描き出す江戸期のくらし。（永井義男）

居酒屋の誕生　飯野亮一

寛延年間の江戸に誕生しすぐに大発展を遂げた居酒屋。しかしなぜ他の都市ではなく江戸だったのか。一次資料を丹念にひもとき、その誕生の謎にせまる。

すし 天ぷら 蕎麦 うなぎ　飯野亮一

二八蕎麦の二八とは？　握りずしの元祖は？　なぜうなぎに山椒？　膨大な一次史料を渉猟しそんな疑問を徹底解明。これを読まずに食文化は語れない！

増補 アジア主義を問いなおす　井上寿一

侵略を正当化するレトリックか、それとも真の共存共栄をめざした理想か。アジア主義を外交史的観点から再考し、その今日的意義を問う。増補決定版。

たべもの起源事典　日本編　岡田哲

駅蕎麦・豚カツにやや珍しい郷土料理、レトルト食品・デパート食堂まで。広義の〈和〉のたべものと食文化事象一三〇〇項目収録。小腹のすく事典！

たべもの起源事典　世界編　岡田哲

西洋・中華、エスニック料理まで。バラエティ豊かな食の来歴を繙けば、そこでは王侯貴族も庶民も共に知恵を絞っていた。全一二〇〇項目で読む食の世界史！

士(サムライ)の思想　笠谷和比古

中世に発する武家社会の展開とともに形成された日本型組織。「家（イエ）」を核にした組織特性と派生する諸問題について、日本近世史家が鋭く迫る。

東京の下層社会　紀田順一郎

性急な近代化の陰で生みだされた都市の下層民。落伍者として捨て去られた彼らの実態に迫り、日本人の人間観の歪みを焙りだす。　（長山靖生）

土方歳三日記(上)　菊地明編著

幕末を疾走したその生涯を、綿密な考証で明らかに。上巻は元治元年まで。新選組結成、芹沢鴨斬殺、池田屋事件……時代はいよいよ風雲急を告げる。

土方歳三日記(下)　菊地明編著

鳥羽伏見の戦に敗れ東走する新選組。近藤亡き後、敗軍の将・土方は会津、そして北海道へ。下巻は慶応元年から明治二年、函館で戦死するまでを追う。

江戸の城づくり　北原糸子

一大国家事業だった江戸城の天下普請。大都市・江戸の基盤はいかに築かれたのか。外堀、上水などインフラの視点から都市づくりを再現する。（金森安孝）

独立自尊　北岡伸一
国家の発展に必要なものとは何か――。福沢諭吉は生涯をかけてこの課題に挑んだ。今こそ振り返るべき思想を明らかにした画期的福沢伝。（細谷雄一）

増補 絵画史料で歴史を読む　黒田日出男
歴史学は文献研究だけではない。絵巻・曼荼羅・肖像画など過去の絵画を史料として読み解き、斬新な手法で日本史を掘り下げた一冊。（三浦篤）

滞日十年（上）　ジョセフ・C・グルー　石川欣一訳
日米開戦にいたるまでの激動の十年、どのような外交交渉が行われたのか。駐日アメリカ大使による貴重な記録。上巻は1932年から1939年まで。

滞日十年（下）　ジョセフ・C・グルー　石川欣一訳
知日派の駐日大使グルーは日米開戦の回避に奔走。下巻は、ついに日米が戦端を開き、1942年、戦時交換船で帰国するまでの迫真の記録。（保阪正康）

東京裁判　幻の弁護側資料　小堀桂一郎編
我々は東京裁判の真実を知っているのか？　準備されたものの未提出に終わった膨大な裁判資料から18篇を精選。緻密な解説とともに裁判の虚構に迫る。

頼朝がひらいた中世　河内祥輔
軟禁状態の中、数人の手勢でなぜ源頼朝は挙兵に成功したのか。鎌倉幕府成立論に、史料の徹底的な読解から、新たな視座を提示する。（三田武繁）

一揆の原理　呉座勇一
虐げられた民衆たちの決死の抵抗として語られてきた一揆。だがそれは戦後歴史学が生んだ幻想にすぎない。これまでの通俗的理解を覆す痛快な一揆論！

甲陽軍鑑　佐藤正英校訂・訳
武田信玄と甲州武士団の思想と行動の集大成。大部から、山本勘助の物語や川中島の合戦など、その白眉を収録。新校訂の原文に現代語訳を付す。

機関銃下の首相官邸　迫水久常
二・二六事件では叛乱軍を欺いて岡田首相を救出し、終戦時には鈴木首相を支えた著者が明かす、天皇・軍部・内閣をめぐる迫真の秘話記録。（井上寿一）

世界史のなかの戦国日本　村井章介

世界史の文脈の中で日本列島を眺めてみるとそこには意外な発見が！　戦国時代の日本はそうとうにグローバルだった！　（橋本雄）

増補 中世日本の内と外　村井章介

国家間の争いなんておかまいなし。中世の東アジア人は海を自由に行き交い生計を立てていた。私たちの「内と外」の認識を歴史からたどる。　（榎本渉）

博徒の幕末維新　高橋敏

黒船来航の動乱期、アウトローたちが歴史の表舞台に躍り出てくる。虚実を腑分けし、稗史を歴史の中に位置付けなおした記念碑的労作。　（鹿島茂）

増補〈歴史〉はいかに語られるか　成田龍一

「国民の物語」としての歴史は、総動員体制下いかに機能したか。多様なテキストから過去／現在を語る装置としての歴史を問い直す。　（福井憲彦）

日本の百年（全10巻）　鶴見俊輔／松本三之介／橋川文三／今井清一編著

明治・大正・昭和を生きてきた人々の息づかいが実感できる、臨場感あふれた迫真のドキュメント。いま私たちが汲みとるべき歴史的教訓の宝庫。

御一新の嵐　日本の百年1　鶴見俊輔編著

一八五三年、ペリーが来航し鎖国が破られた。日本の歴史は未曾有の変革期を迎える。時代に先駆けた人、取り残された人、そこで何が達成されたのか。

わき立つ民論　日本の百年2　松本三之介編著

帝国憲法制定に向けて着々と国の体制を整える明治国家。しかし、政府に対する不満の声は、近代日本最大の政治運動自由民権運動となって高まる。

強国をめざして　日本の百年3　松本三之介編著

一八八九年二月十一日、帝国憲法発布、国民の意識は高揚した。外に日清戦争に勝利し、内に産業革命進展のなか、近代日本は興隆期を迎える。

明治の栄光　日本の百年4　橋川文三編著

日露戦争に勝利した日本は世界から瞠目されたが、勝利はやがて侵略の歴史へと塗り替えられ、大逆事件の衝撃のうちに、時代は大正へと移ってゆく。

ちくま学芸文庫

つくられた卑弥呼《ひみこ》――〈女《おんな》〉の創出《そうしゅつ》と国家《こっか》

二〇一八年十月十日　第一刷発行

著　者　義江明子（よしえ・あきこ）
発行者　喜入冬子
発行所　株式会社　筑摩書房
東京都台東区蔵前二―五―三　〒一一一―八七五五
電話番号　〇三―五六八七―二六〇一（代表）
装幀者　安野光雅
印刷所　株式会社精興社
製本所　株式会社積信堂

ISBN978-4-480-09891-7 C0121